Basiswissen

Politik / Geschichte / Ökonomie

Klaus Müller

Inflation

PapyRossa Verlag

Eine Übersicht aller Titel der PapyRossa-Reihe Basiswissen Politik/Geschichte/Ökonomie finden Sie unter www.papyrossa.de

Luxemburger Str. 202, D-50937 Köln
Tel.: +49 (0) 221 – 44 85 45
Fax: +49 (0) 221 – 44 43 05
E-Mail: mail@papyrossa.de
Internet: www.papyrossa.de

Druck: Interpress

Die Deutsche Nationalbibliothek verzeichnet diese Publikation in der Deutschen Nationalbibliografie; detaillierte bibliografische Daten sind im Internet über http://dnb.d-nb.de abrufbar

ISBN 978-3-89438-806-5

Inhalt

Aktuelles

Im Jahr 2023 begeht Deutschland ein zweifelhaftes Jubiläum, das der größten Geld- und Einkommenskatastrophe seiner Geschichte. Hundert Jahre sind vergangen, seit die im Ersten Weltkrieg begonnene Hyperinflation in Deutschland ihren Höhepunkt erreicht hatte. Sie hatte Millionen Menschen ihr mühevoll Erspartes geraubt, einfache Leute in Not und Elend gestürzt und reiche Kapitalisten noch reicher gemacht. Nun ist die Inflation zurück. Zwar bei weitem nicht mit jenem unvorstellbaren Ausmaß des vergangenen Jahrhunderts. Doch weltweit ziehen die Preise an, vor allem bei Energie und Rohstoffen, Lebensmitteln und bei vielen anderen Gütern. Die Leute fragen sich, wie es möglich sein kann, dass ein Liter Diesel noch im Durchschnitt des Jahres 2020 für 1,10 Euro je Liter zu haben war und man zwei Jahre mehr später das Doppelte bezahlen musste? Hatte sich die gesellschaftlich notwendige Arbeitszeit der Spritproduktion verdoppelt? 1990 kostet der Liter Diesel 50 Cent, 32 Jahre später fünfmal so viel. Waren die Aufwendungen oder die Nachfrage so rasant gestiegen? Die enorm gestiegenen Rohstoff- und Energiepreise während des Ukrainekrieges und vorher haben weder zu tun mit steigenden Aufwendungen ihrer Herstellung, die es nicht gegeben hat, noch resultieren sie, entgegen der landläufigen Behauptung, aus einer plötzlich gestiegenen Nachfrage, zumindest nicht aus einer reell-stofflichen. Die von der offiziellen Statistik ausgewiesenen Zahlen vermitteln einen groben Überblick über die Höhe der Preissteigerungen und die Unterschiede bei einzelnen Warengruppen (Tabelle 1). Die Inflationsraten in der gesamten Europäischen Union (EU-27) wie auch in Deutschland stiegen seit 2021 Monat für Monat und erreichten im September 2022 mit jeweils 10 Prozent gegenüber dem Vorjahresmonat den höchsten Wert seit Bestehen der EU (Tabelle 2), in Deutschland ist die Inflation seit Ende des Zweiten Weltkriegs erstmals zweistellig. Selbst während der Ölkrise zu Beginn der 1970er Jahre war sie deutlich geringer gewesen.[1]

Tabelle 1: Preissteigerungen für ausgewählte Waren in Deutschland gegenüber dem Vorjahresmonat in Prozent[2]

	August 2022	Oktober 2022
Heizöl	94,6	77,8
Brennholz, Holzpellets, andere feste Brennstoffe	85,7	108,1
Sonnenblumenöl, Rapsöl o.Ä.	81,2	80,8
Erdgas	59,2	79,6
Butter	49,0	55,3
Dieselkraftstoff	36,1	37,7
Fernwärme	36,0	35,6
Mehl und Getreideerzeugnisse	34,2	33,5
Sahne, Fertigdesserts, Buttermilch	31,7	34,1

Die scheinbaren Ursachen des rasanten Preisauftriebs, in den Tageskommentaren bis zum Überdruss strapaziert: Ukrainekrieg, Angebotsverknappung (mit Schuldzuweisung an Russland), Nachfragezuwachs (schuldig vor allem China), Ernteausfall, Corona und der Zusammenbruch der Lieferketten,

1 Statista, Inflationsrate in Deutschland von 1950 bis 2021, de.statista.com, abgerufen am 14.9.2022.

2 Statistisches Bundesamt (im Folgenden nach der Bezeichnung des zugehörigen Webportals Destatis), Verbraucherpreisindex und Inflationsrate, abgerufen am 12.10.2022 und 30.11.2022.

Tabelle 2: Inflationsraten nach Monaten in Prozent [3]

		EU	Deutschland
2021	Juli	2,5	3,8
	August	3,2	3,9
	September	3,6	4,1
	Oktober	4,4	4,5
	November	5,2	5,2
	Dezember	5,3	5,3
2022	Januar	5,6	4,9
	Februar	6,2	5,1
	März	7,8	7,3
	April	8,1	7,4
	Mai	8,8	7,9
	Juni	9,6	7,6
	Juli	9,8	7,5
	August	10,1	7,9
	September	10,9	10,0
	Oktober	11,5	10,4
	November	11,1	10,0
	Dezember	10,4	8,6

steigende Rohstoffpreise, steigende Kosten. Zentrales Argument: Die Erwartung der Verbraucher, dass die Inflation hoch bleibt, löse entsprechende Lohnforderungen aus. Diese setzten

3 Statista, Inflationsrate 2021: +3,1 % gegenüber dem Vorjahr, Pressemitteilung 19.1.2022; Statista, Inflationsrate in Deutschland von Dezember 2021 bis Dezember 2022 (Steigerung des Verbraucherpreisindex gegenüber Vorjahresmonat); Statista, Europäische Union: Inflationsrate von Dezember 2020 bis Dezember 2022 (gegenüber dem Vorjahresmonat), alle abgerufen am 25.1.2023; tagesschau.de, Inflationsrate steigt im August auf 7,9 Prozent, 30.8.2022. Die vom Statistikamt Eurostat ermittelten Inflationsraten liegen grundsätzlich über den in Deutschland ermittelten Werten. So gibt die EU beispielsweise an, dass in Deutschland die Inflationsrate im Oktober 2022 11,6 Prozent betragen habe. (Statista, Eurozone: Inflationsraten in den Mitgliedstaaten im November 2022, abgerufen am 5.12.2022)

eine Lohn-Preis-Spirale in Gang. Der Mindestlohn drücke alle Löhne hoch, verbesserte Tierhaltung führe zu steigenden Lebensmittelpreisen; dazu eine Energie- und Kohlendioxidsteuer – seit Anfang 2022 sind 30 Euro je Tonne CO_2 fällig – und eine viel zu laxe Geldpolitik der Zentralbank, die über Jahre hinweg die Geldmenge zu stark ausgeweitet und den Zins de facto abgeschafft habe. Eingängige, deshalb für viele glaubwürdige Thesen, aber sehr oberflächlich, wenn auch nicht vollkommen falsch. Im Prinzip aber Vorwände. Dazu der Irrglaube, die Inflation könne durch richtiges Handeln der Notenbank, Politik und Wirtschaft gebannt werden.

Historisch-Empirisches

Münzverschlechterungen von der Antike bis ins Mittelalter

Die Münzgeschichte ist eine Geschichte permanenter Münzverschlechterungen. Sie sind Betrug, mit dem sich die Münzherren – der König, der Kaiser oder Adlige und Kleriker, die das Münzregal[4] vom König erhalten hatten – bereicherten. Die Entwertungen des Münzgeldes, wie auch die späteren Papiergeldinflationen, hatten stets zu tun mit dem riesigen Geldbedarf des Staats, der beständig hoch war durch Völlerei, Prasserei, Prunk, Günstlingswirtschaft und Verschwendungssucht an den Höfen und der regelmäßig nach oben schnellte, um Aufrüstung und Kriege zu finanzieren. So setzten die Römer während der Punischen Kriege (264-146 v. u. Z.), die sie gegen Karthago führten, das Gewicht des As mehrmals herab. Das As entsprach anfangs einem römischen Pfund, etwa 327 Gramm. Schon während des 1. Punischen Krieges wurde es auf die Hälfte seines Gewichts verringert, mitten im 2. Punischen Krieg, nach der Niederlage bei Cannae, auf 4 Unzen.[5] Die Herrschenden bedienten sich dieses Mittels der Bereicherung jahrtausendelang. Sie ließen gute, werthaltige Münzen einziehen und gaben minderwertige in den Umlauf. So machten es im dritten Jahrhundert unserer

---

4 Münzregal nennt man das königliche Hoheitsrecht, die Münzordnung zu bestimmen. Es umfasste die Festlegung der Währung (des Münzsystems), das Recht, Münzen zu prägen und das Recht, sich den Gewinn daraus anzueignen, die Seigniorage (den Schlagsatz).

5 Richard Gaettens, Inflationen, München 1955, S. 23f.

Zeitrechnung die sich in dauernder Geldnot befindlichen Soldatenkaiser Roms, die Kriege führten nach außen und im Inneren. Unter ihnen brach das römische Münzwesen zusammen. Der Silbergehalt der Münzen wurde drastisch verringert. Schließlich wurden die Silbermünzen durch Kupfermünzen ersetzt, die vor allem gebraucht wurden, um die Heere zu bezahlen. Um die Bevölkerung zu täuschen, überzog man sie am Anfang noch mit einer hauchdünnen Silberschicht, später mit weißer Zinnfarbe. Die Preise stiegen um das Zehn- bis Hundertfache.[6]

Von 1599 bis 1660 überschwemmten Kupfermünzen Kastilien und verdrängten die Gold- und Silbermünzen, obwohl das Land aus seinen überseeischen Kolonien große Mengen an Gold und Silber raubte. Der Silbergehalt der umlaufenden Vellon-Münzen war fortlaufend verringert worden, bis er zuletzt nur noch ein Prozent betrug. Letzte Ursache der Geldentwertung waren die Kriege Karls V. und Phillipps II. Die sog. Vellon-Inflation ruinierte die Wirtschaft und führte zur Verarmung der Bevölkerung. Zu Beginn des Dreißigjährigen Krieges (1618-1648) stieg der Geldbedarf stark und löste eine Münzentwertung größten Stils aus. Gaettens bezeichnet die Kipper- und Wipperzeit im Heiligen Römischen Reich als die erste große Inflation nach der römischen Münzkatastrophe des dritten Jahrhunderts. »Sie hat viele große Vermögen und die Ersparnisse des breiten Bürgertums ... vernichtet ..., den materiellen Wohlstand Deutschlands stärker zerstört als der Dreißigjährige Krieg in seinen sonstigen unmittelbaren ökonomischen Auswirkungen.«[7] Der Name für diese Zeit leitet sich ab von der Praxis der betrügerischen Münzentwertung, dem *Wippen* der Waagbalken beim Auswiegen der Münzen auf einer Schnellwaage und dem anschließenden *Kippen* (niederdeutsch für »Aussortieren«) der schwereren Stücke, aus denen dann unter

6 ebd., S. 28f., 30, 36.

7 ebd., S. 94.

Zugabe von Kupfer, Zinn und Blei geringerwertige neue Münzen hergestellt wurden.[8] Sagt man, Münzen wurden gekippt, ist oft auch gemeint, dass sie eingeschmolzen wurden und mit einem geringeren Feingehalt neu geprägt, d.h. gewippt wurden. Die Teuerung im Lande war eine Folge der fortgesetzten Entwertung des Kleingeldes, die dazu führte, dass vor allem die Konsumgüterpreise stiegen.[9] Während die Löhne in entwerteter Währung ausgezahlt wurden, verlangten die Händler und Geschäftsleute entweder die alten Münzen zur Zahlung oder erhöhten zwangsläufig die Preise für ihre Waren.

Hundert Jahre nach der Kipper- und Wipperzeit das gleiche Spiel: Vermutlich ernüchtert von Mr. Laws fehlgeschlagenem Papiergeldexperiment besann sich der preußische König Friedrich der Große wieder des probaten Mittels der Münzverschlechterung, um die Staatskasse zu füllen. Er finanzierte den Siebenjährigen Krieg (1756-1763) durch Münzbetrug und Münzverschlechterungen. Das silberreiche Sachsen, 1756 von ihm besiegt, diente in der Anfangsphase des Krieges als Objekt der Münzentwertung. Friedrich verpachtete die Leipziger Münze an den Großunternehmer Veitel Ephraim, der unterwertige Dritteltaler, polnische Tympfe und Groschen mit dem bisherigen Münzbilde des Kurfürsten von Sachsen schlagen ließ. Die Münzen wurden mit den Jahreszahlen 1753 und 1754 gestempelt, um die Zeit der Ausprägung zu verschleiern und »Echtheit« vorzutäuschen. Als Schlagsatz waren von jeder ausgeprägten Million Reichstaler 200 000 Taler an den König zu zahlen.[10] Als Schlagsatz bezeichnet man den Münzgewinn oder Geldschöpfungsgewinn. Er entspricht der Differenz zwischen dem Nennwert der Münze und ihrem Stoffwert, dem tatsäch-

8 Wikipedia-Eintrag zu Kipper- und Wipperzeit, abgerufen am 28.8.2022.

9 Michael North, Kleine Geschichte des Geldes. Vom Mittelalter bis heute, München 2009, S. 105.

10 Richard Gaettens, a.a.O., S. 153.

lichen Gehalt an Edelmetall. Den Schlagsatz zu erhöhen, bedeutet, den Stoffwert der Münze zu verringern, die Münze also zu verschlechtern. Die Münzverschlechterung dient dazu, den Schlagsatz zu erhöhen. Angenommen, der Nennwert der Münze sei 15 g Gold (½ Unze), der Stoffwert betrage 7,5 g Gold (¼ Unze), dann beträgt der Schlagsatz bzw. der Münzgewinn 7,5 g Gold, ohne Berücksichtigung der Prägekosten.

Zur Kriegsfinanzierung reichten die 200 000 Taler nicht. Daher wurden 1758 alle sächsischen und preußischen Münzstätten an das Münzkonsortium Veitel Ephraim und Söhne, Moses Isaac und Daniel Itzig verpachtet. Auch der preußische Dritteltaler wurde verschlechtert, ein Sechsteltaler (das sog. Kriegssechstel) geprägt, der Feingehalt der Goldmünzen, des Friedrichsdor und des sächsischen Augustdor, drastisch gesenkt. Der Schlagsatz wurde im Laufe des Krieges mehrmals erhöht. 1762 wurde er auf mindestens 4,1 Millionen Reichstaler festgesetzt.[11] Die Kriegsmünzen, die silberweiß glänzend in den Umlauf kamen und am Anfang von den Originalen kaum zu unterscheiden waren, nutzten sich nach kurzer Zeit ab, wodurch das rote Kupfer sichtbar wurde. Der Volksmund nannte sie daher »Ephraimiten«: »Von außen gut, von innen schlimm – von außen Friedrich, von innen Ephraim«.[12] Die Münzverschlechterungen wurden begleitet von einer boomenden Inflation.

Laws Idee

Papiergeld ist das mit staatlichem Zwang versehene Geld. Es ist keine Forderung auf Geldware, wie es historisch die konvertiblen Banknoten gewesen waren. Es sollte die Geldware ersetzen. Ursprünglich sollten die »Papierschmetterlinge, bloße Geldzeichen«, so Friedrich Engels, »im Publikum herumflattern, nicht um die Edelmetallbasis ›auszumerzen‹, sondern um sie aus den Taschen

11 ebd., S. 157.

12 ebd., S. 154.

des Publikums in die verödeten Staatskassen hineinzulocken.«[13] Der schottische Bankier und Ökonom John Law (1671-1729) hatte die fabelhafte Idee, durch die Ausgabe ungedeckter Banknoten – sie sollten formal durch Grund und Boden gesichert sein – den Reichtum Frankreichs zu mehren und die Schulden des französischen Staates zu tilgen. Heute vertreten Anhänger der Modern Monetary Theory (MMT) ähnliche Ideen, wollen durch Ausgabe von frischem Geld wirtschaftliche und soziale Probleme lösen. Law glaubte, sein Ziel so leichter zu erreichen als mit den aufwändigen Münzverschlechterungen. Law, den Marx »einen angenehmen Mischcharakter von Schwindler und Prophet« nannte,[14] war überzeugt, dass der Kredit Wohlstand und Beschäftigung schaffen könne. Damit war er seiner Zeit 150 Jahre voraus. Denn seine Grundgedanken waren richtig. Tatsächlich sollte sich das Kreditsystem als die Triebfeder der kapitalistischen Produktion erweisen.

Die Finanzen des französischen Staates glichen einem Fass ohne Boden. Andauernde Kriege, die gigantische Verschwendung am Hofe des »Sonnenkönigs« Ludwig XIV. hatten sie ausgehöhlt. Als der König im Jahre 1715 starb, betrugen die Schulden des französischen Staates unvorstellbare 3,5 Milliarden Livre. Anstelle des mit königlicher Garantie versehenen Metallgeldes wurde Papiergeld gedruckt und mehr in Umlauf gebracht, als durch Edelmetall gedeckt war. Im Mai 1716 erhielt Law die Erlaubnis, eine Aktienbank zu gründen, der erlaubt wurde, Banknoten herauszugeben. Im Jahr darauf gründete er eine Handelsgesellschaft, die sich der Ausbeutung der französischen Kolonien am Mississippi und dem Kolonialhandel Frankreichs mit Indien und China widmen sollte. Die Werbung versprach traumhafte Profite, wodurch die Nachfrage nach Aktien der Gesellschaft und deren Kurse stiegen.

13 MEW 20, S. 219; MEW = Marx-Engels-Werke, Berlin 1956ff.

14 MEW 25, S. 457.

Die Spekulation trieb sie in schwindelerregende Höhen. Die 500-Livre-Aktie stieg auf 1 000, auf 5 000, auf 15 000 und höher. Ständig steigende Aktienkurse erforderten, die Ausgabe der Banknoten zu forcieren, um die Aktien bezahlen zu können. Der exorbitante Anstieg der Aktienkurse – eine Aktieninflation – ging so in eine Papiergeldinflation über. Immer neue Millionen-Livre-Aktien erforderten die Ausgabe von immer neuen Millionen-Banknoten. Unvermeidlich, dass die hohen Kurse bald schon längst nicht mehr den Gewinnen entsprachen, die aus dem Kolonialhandel mit Indien und aus den Urwäldern am Mississippi erwartet werden konnten. Nur ein verschwindend kleiner Teil des Geldes, das Laws Gesellschaft einnahm, wurde in Schiffen und Waren angelegt. Der Hauptteil diente als Staatsanleihe. Law übernahm fast die gesamte Staatsschuld, indem er die staatlichen Obligationen ihren Inhabern abkaufte.

Selbst wenn er imstande gewesen wäre, die versprochene Dividende in Höhe von 40 Prozent auf das Nominalkapital auszuzahlen, hätte dies wegen der hohen Kurse nur eine Verzinsung von einem Prozent bedeutet. Plötzlich lohnte es nicht mehr, Aktien zu besitzen und neue zu erwerben. Im Gegenteil: die Talfahrt begann. Aktien verkaufen und dafür kaufen, was von Wert war: Edelmetalle, Perlen, Brillanten, Edelsteine, kostbare Möbel, Teppiche, Pferde, Landgüter, Häuser … – das war jetzt das Gebot der Stunde. Alles wurde irrsinnig teuer. Für Stoff, der einst 15 Franc gekostet hatte, mussten 125 Franc gezahlt werden. Das arbeitende Volk, angewiesen auf seine Löhne, litt Hunger. Reiche wälzten sich im Luxus. Law sträubte sich, wollte nicht wahrhaben, was nun geschah: Aktieninhaber und Papiergeldbesitzer wollten ihre wertlosen Zettel loswerden. Verbote, Metallmünzen und Edelmetall zu transportieren, ihre Beschlagnahme konnten das Chaos nicht verhindern. Am 10. Oktober 1720 wurden die Banknoten, deren Einwechslung in Metallgeld schon vorher erschwert worden war, außer Kraft gesetzt. Die 500-Livre-Aktie der Lawschen Gesellschaft war von 18 000 Livre auf 40 Livre gestürzt.

Mit Schimpf und Schande jagte man den zuvor vielfach geehrten schottischen Finanzexperten davon. Laws System hatte es dem französischen Staat ermöglicht, seine Schulden mit wertlosen Papierzetteln zu tilgen. Verlierer des Bankrotts waren die Besitzer der Lawschen Aktien, darunter auch Angehörige des Adels, von denen viele ihr ganzes Vermögen in Aktien gesteckt hatten. Verlierer waren die Handwerker, Händler, Dienstboten und Bauern, die ihre Ersparnisse in dem nun ungültigen Papiergeld angelegt hatten. Die französische Wirtschaft erlitt schwerste Schäden allein durch die gesunkene Kaufkraft. Sie hat sich nur sehr langsam von den Verlusten des Jahres 1720 erholt.[15]

Die Hyperinflation 1921-1923

Während der großen deutschen Inflation im Jahre 1923 verdiente »der Kleine Mann« Millionen. Hatte er Glück, bekam er dafür gerade so viel, dass er nicht verhungerte. Der Berliner Korrespondent der Londoner *Daily Mail* schrieb am 22. Juli 1923 seiner Redaktion: »Ich war erstaunt, als ich heute feststellen musste, dass man 24 000 Mark für eine Schinkensemmel auszugeben hatte, wo doch eine Schinkensemmel in demselben Café gestern nur 14 000 Mark gekostet hatte.« Dieser Brief wurde in der turbulenten Zeit der großen Inflation geschrieben. Die Vorstellungen von der Zauberkraft des Papiergeldes und den Wundern der Notenpresse zerbrachen. Wieder einmal zeigte sich, wie irrig die Annahme ist, durch Münzverschlechterungen und die Ankurbelung der Notenpresse den Reichtum der Nation zu mehren. Arbeiter fuhren ihren Tageslohn mit Handwagen nach Hause. Noch am gleichen Tag setzten sie ihn beim Bäcker und Metzger um. Am nächsten Tag hätte die Papiergeldmenge nicht mehr gereicht, das Allernotwendigste zu

15 Richard Gaettens, Inflationen, a. a. O., S. 122.

kaufen. Die Preise schnellten in atemberaubendem Tempo in schwindelnde Höhen empor. Ende 1923, auf dem Höhepunkt des Geldchaos, kostete das Frühstücksei 320 Milliarden Mark. Im Juni 1912 hatte man es für sieben Pfennige bekommen. Den Preisen mussten die Löhne und Gehälter in immer kürzeren Abständen folgen.[16]

Ende Oktober 1923 berichtet die *New York Times* von einem Ausländer, der in einem kleinen Berliner Restaurant eine Dollarnote hin- und hergeschwenkt und alle Gerichte auf der Speisekarte bestellt habe. Nachdem er großzügig bedient worden war und ebenso geschmaust hatte, wollte er gehen. Da sei der Kellner noch einmal mit einem Teller Suppe und einem weiteren Hauptgericht erschienen und habe mit einer Verbeugung höflich erklärt: »Der Dollar ist soeben gestiegen.« Am 20. November 1923 erreichte der Dollar, den man vor dem Ersten Weltkrieg für 4,20 Reichsmark bekam (Juli 1912), den höchsten Stand. Karl Valentin blieb ruhig. Nachdem man ihm mitgeteilt hatte, dass jetzt 4,2 Billionen Mark (in Zahlen 4 200 000 000 000) für einen Dollar gezahlt werden mussten, soll er geantwortet haben: »Mehr ist er auch nicht wert.«

Vicco von Bülow, besser bekannt als Loriot, wurde am 12. November 1923 in Brandenburg an der Havel geboren. Die Strampelhose des »ungewöhnlich teuren Säuglings hatte stolze 480 Milliarden Mark gekostet. Der Preis sei am Ende der Inflation auf 3,50 Mark gefallen, was sich günstig auf meinen Charakter ausgewirkt hat«, sagte Loriot. Am 15. November kostete ein Pfund Brot 80 Milliarden Mark, ein Pfund Fleisch 900 Milliarden. Wer beim Skat eine Lage Bier verlor, zahlte 208 Milliarden.

Niemand hielt sein Geld zurück. Alle Einkommen und Ersparnisse strömten in die Zirkulation. Niemand wollte auf seinem Bargeld sitzen bleiben, das sich rasend schnell entwertete. Mit Schecks zu zahlen, war schwer. Zwischen Entgegennahme

16 ebd., S. 262.

und Einlösung verlor das Geld weiter an Kaufkraft. Firmen und Regierungen ließen sich ihre Darlehen bar auszahlen. Die Chefs zahlten Löhne und Gehälter in den letzten Monaten des Jahres 1923 täglich aus. Die Leute trugen das morgens erhaltene Geld in Wäschekörben, Schubkarren und Kinderwagen bis mittags in die Geschäfte, um es sofort auszugeben und weiteren Preissteigerungen zuvorzukommen. Die Warenpreise verdoppelten sich oft im Laufe eines Tages.

Die Geschäftsleute setzten die Preise nach dem letzten Stand des Dollars herauf und der katapultierte nach oben. Oft akzeptierten sie für den Verkauf ihrer Waren nur die stabile, harte Auslandswährung, während sie die Löhne in sich beschleunigt entwertender Reichsmark auszahlten. So ähnlich heute in einigen latein- und südamerikanischen Ländern, wo »harte« Währung, z. B. der Dollar, als »eigentliches« Geld zählt. Und wenn aufgrund der hohen Verschuldung des Landes und der hohen Nachfrage nach Dollar dessen Kurs steigt, orientieren sich die inländischen Unternehmer an der Aufwertung des Dollar – der Abwertung der heimischen Währung ihm gegenüber – und setzen die Preise entsprechend hoch. Beispielsweise war der US-

Tabelle 3: Inflationäre Preissteigerungen im Jahre 1923 in Deutschland (in Mark)

In Berlin kostete jeweils 1 kg	im April 1923	im Juni 1923
Roggenbrot	474	1253
Kartoffeln	74	333
Schweinefleisch	8700	21200
Butter	17800	30300
Margarine	5800	20200
Zucker	2130	2815
ein Ei	338	793
ein Liter Vollmilch	920	1380

Quelle: Hans Funk, Notgeldscheine als Sammelgebiet. Kulturbund der DDR, Berlin 1976, S. 25.

Dollar im März 2022 422 000 venezolanische Bolívar wert, bis Ende November 2022 stieg er auf 1 083 000 Bolívar. Begleitet wurde die rasante Abwertung des Bolívar von einer Hyperinflation. Die Teuerung hat in Venezuela im Jahr 2022 234 Prozent erreicht und sich damit gegenüber 2021, wo sie 686 Prozent betragen hatte, deutlich verlangsamt.[17] So ähnlich war es 1923 in Deutschland und deshalb liefen damals die Druckpressen auf Hochtouren. Das Geld wurde in Waggons transportiert. Bald war auch der ärmste Arbeiter ein Millionär. Für jeweils einen Tag. Kaufen konnte er sich dafür wenig.

Jetzt ging die Fahrt erst richtig los. Am 2. Dezember 1923 kostete in Berlin: 1 Liter Milch – 360 Milliarden Mark, 1 Kilo Kartoffeln – 90 Milliarden Mark, 1 Straßenbahnfahrt – 50 Milliarden Mark.[18]

US-Zeitungen berichteten über eine neue Krankheit, die sich in Deutschland ausbreitete. Ärzte sprachen vom »Nullen- oder Zahlentick«, einer nervösen Störung, die durch astronomische Zahlen und gigantische Rechenoperationen verursacht werde. Männer und Frauen wären unter der Anstrengung zusammengebrochen, riesige Zahlenkolonnen zu addieren, subtrahieren und zu dividieren. »Viele dieser Personen sind sonst ganz normal, außer dass sie den Wunsch verspüren, ständig endlose Zahlenreihen niederzuschreiben.«

»Die Entwertung der Mark und die ständige Erneuerung der Notenstückelung erforderte riesenhafte Mengen an Papiergeld … der Umfang ist so gewaltig, dass er das Entstehen einer eigenen großen Industrie erforderlich machte«, stellte der Reichsbankdirektor Schott Ende 1923 fest. Jede verfügbare Druckerei, die Geld drucken konnte, musste ran. 133 Druckereien stießen

---

17 junge Welt, 25.1.2023, S. 9.

18 Gregor Delvaux de Fenffe, Die Hyperinflation von 1923 (Erstveröffentlichung 2006. Letzte Aktualisierung 22.10.2019), planet-wissen.de, abgerufen am 14.9.2022.

täglich ungeheure Mengen Papiergeld aus. Die galoppierende Inflation setzte sie unter Druck. Es kam zu Stockungen, wenn die Geldproduzenten beim Drucken höherer Scheine nicht mit der Nachfrage Schritt halten konnten. Zehn Milliarden Geldscheine im »Wert« von 3877 Trillionen Mark wurden insgesamt hergestellt. Dazu lieferten 29 galvanoplastische Anstalten 400000 Druckplatten. Mehr als 30 Papierfabriken stellten das Banknotenpapier her. Es waren 17,3 Millionen kg, die mehr als 40 Güterzüge zu je 40 Waggons füllten.

Die Inflation begann mit der Finanzierung des Ersten Weltkrieges, wie Tabelle 4 zeigt. Als der Erste Weltkrieg ausbrach, verfügte Deutschland über 1,25 Milliarden Mark in Gold. Dazu kam der Kriegsschatz, der im Spandauer Juliusturm aufbewahrt wurde. Im Sommer 1914 belief er sich auf rund 205 Millionen Mark. In den ersten Kriegswochen konnte die Reichsbank ihren Bestand auf 2,2 Milliarden Goldmark erhöhen. Öffentliche Kassen, Reichspost und Eisenbahn mussten ihre Goldmünzen an die Reichbank abliefern. Die Bevölkerung wurde veranlasst, ihr Gold dem Reich zur Verfügung zu stellen.[19] Ein Drittel der zur gleichen Zeit zirkulierenden Banknoten im Wert von 7,045 Milliarden Mark war damit durch Gold gedeckt. Die Dritteldeckung war gesetzlich vorgeschrieben. Dann begann die Inflation. Noch im ersten Kriegsjahr erhöhte sich der Bargeldumlauf. Das Deutsche Reich finanzierte den Krieg fast ausschließlich durch Kriegsanleihen.[20] Ende 1918 hatte der Bargeldumlauf das Fünffache der Vorkriegshöhe erreicht. Die Mark hatte offiziell mehr als die Hälfte ihrer Kaufkraft verloren, wobei auf dem Schwarzmarkt der Inflationsindex noch wesentlich höher lag. Ab 1919 setzte die Hyperinflation ein. Ursache war die massive Ausweitung der Geldmenge durch den Staat, der so seine Schulden loswerden wollte. »Die Inflation ist kein

---

19 Richard Gaettens, Inflationen, a. a. O., S. 238.

20 ebd., S. 240.

Tabelle 4: Papiergeldumlauf in Milliarden Mark

Dezember 1914	8,7
Dezember 1915	10,1
Dezember 1916	12,3
Dezember 1917	18,5
Dezember 1918	33,1
Dezember 1919	50,2
Dezember 1920	81,6
Dezember 1921	122,9
Dezember 1922	1 295,2
März 1923	28 244,4
Oktober 1923	2 504 955,7
November 1923	400 338 326,0
Dezember 1923	496 585 345,9

Quelle: Heinz Joswig, Das Geld, Berlin/Leipzig/Jena 1968, S. 10.

ganz faires Geschäft ... aber es ist ein sehr dickes Geschäft. Ich an Stelle Ihres Finanzministers würde es auch machen.«[21] Zwar wurden auch Steuern und Zölle heraufgesetzt und ein »Reichsnotopfer« beschlossen, aber die regulären Einnahmen des Staates reichten nicht aus. Die Verschuldung des Staates stieg. Im Herbst 1923 wurden noch zwei Prozent der Staatsausgaben durch Steuereinnahmen gedeckt, 98 Prozent hingegen durch Diskontierung von Schatzwechseln und damit durch die Notenpresse.[22]

Pikanterweise wurde an der Fiktion der Einlösbarkeit bis zuletzt festgehalten. Selbst als auf dem Höhepunkt der Hyperinflation am 26. Oktober 1923 Reichsbanknoten über Hundert Billionen Mark gedruckt wurden, hieß es wie zum Hohn in

21 Lion Feuchtwanger, Erfolg, Berlin/Weimar 1976, S. 573.

22 Hans-Heribert Derix, Säkulare Inflation, kompetitive Geldordnung und »unbeschränkte Demokratie«. Zu Bedeutung und Problematik der politischen Theorie der Inflation F. A. von Hayeks, Stuttgart/New York 1985, S. 277.

der Bekanntmachung: »Einhundert Billionen Mark zahlt die Reichshauptkasse in Berlin gegen die Banknote dem Einlieferer.« Die 50-Milliarden-Reichsbanknote hatte am 10. Oktober noch einen Rechenwert von 70 Goldmark. Sechs Wochen später war sie nur noch fünf Goldpfennige wert. Ab 20. November galt die Reichsmark nicht mehr als Zahlungsmittel. Der Inflationsspuk war vorbei. Die Banknote mit dem höchsten Nominalwert – Hundert Billionen Mark – wurde zwar noch gedruckt, kam aber nicht mehr in den Umlauf. Eine neue Währung, die Rentenmark, wurde geschaffen. Man »zahlte« für sie eine Billion des alten Geldes. Die Rentenmark sollte durch gewerblich genutzten Grundbesitz gedeckt sein.

Der Geldskandal des Jahres 1923 wurzelte im Macht- und Profitstreben jener, die den Ausbruch des Krieges vorbereitet hatten. Das Volksvermögen, das auf den Schlachtfeldern verpulvert wurde, musste bezahlt werden. Die Mächtigen lösten das Finanzierungsproblem mit links. Zumindest war es leichter zu lösen als Arbeitskräfte und Rohstoffe für die Rüstungsindustrie bereitzustellen und das Kriegsmaterial zu transportieren. Sie entbanden die Notenbank von der Pflicht, Papiergeld gegen Gold einzulösen. Was er nicht mit Steuern, Kriegsabgaben und aus der Kreditaufnahme am Kapitalmarkt bezahlen konnte, finanzierte der Staat mit Anleihen, die er bei der Zentralbank aufnahm. Die Regierung beseitigte die gesetzliche Dritteldeckung der Reichsbanknoten durch Gold, den sog. Goldanker. Damit verschwanden die Barrieren, die einer Schuldenaufnahme und der Vermehrung der Geldmenge entgegenstanden.

Man hoffte, diese Kriegsanleihen nach dem »Siegfrieden« mit der »Kriegsbeute« in Form von Reparationen abzulösen. Die Politiker dachten an die hohen Reparationen, die Frankreich nach dem verlorenen Krieg 1870/71 gezahlt hatte. Unumwunden bekannte sich der konservative Finanzpolitiker Karl Helfferich im August 1915 in einer Sitzung des Reichstages zur Ausplünderung der Kriegsgegner: »Meine Herren, wie die

Dinge liegen, bleibt also vorläufig nur der Weg, die endgültige Regelung der Kriegskosten durch das Mittel des Kredits auf die Zukunft zu verschieben, auf den Friedensschluß und auf die Friedenszeit. Und dabei möchte ich auch heute wieder betonen: Wenn Gott uns den Sieg verleiht und damit die Möglichkeit, den Frieden nach unseren Bedürfnissen und nach unseren Lebensnotwendigkeiten zu gestalten, dann wollen und dürfen wir neben allem anderen auch die Kostenfrage nicht vergessen; [lebhafte Zustimmung] das sind wir der Zukunft unseres Volkes schuldig. [›Sehr wahr!‹-Rufe] Die ganze künftige Lebenshaltung unseres Volkes muss, soweit es irgend möglich ist, von der ungeheuren Bürde befreit bleiben und entlastet werden, die der Krieg anwachsen lässt. [weitere ›Sehr wahr!‹-Rufe] Das Bleigewicht der Milliarden haben die Anstifter dieses Krieges verdient; [›Sehr richtig!‹-Rufe] sie mögen es durch die Jahrzehnte schleppen, nicht wir. [›Sehr gut!‹-Rufe].«[23]

Es kam anders: Das Deutsche Reich verlor den Krieg, den es entfesselt hatte, und musste selbst Reparationen zahlen, was die Inflation noch verstärkte. Es finanzierte die Reparationen, indem es zusätzliches Papiergeld druckte. Zwar waren die Reparationen in Fremdwährungen oder in Goldmark zu zahlen, die dafür nötigen Mittel besorgte sich der Staat über die (unkontrollierte) Vermehrung des eigenen Papiergeldes. Mit dem so provozierten Ruin der eigenen Währung wollte das Deutsche Reich auch demonstrieren, dass die Reparationszahlungen nach dem Versailler Vertrag überzogen seien und nicht geleistet werden könnten. Anstelle der Münzverschlechterung früherer Zeiten war die hektische Tätigkeit der Notenpresse getreten. Nur 13,7 Prozent der Staatsausgaben waren zwischen 1914 und 1918 in Deutschland durch Steuern gedeckt. Der »Rest« wurde mit zusätzlichem Papiergeld bezahlt, das nicht durch Gold gedeckt war. Auch nach

---

23 Wikipedia-Eintrag zu Deutsche Inflation 1914 bis 1923, abgerufen am 24.8.2022.

dem Krieg ratterte die Notenpresse weiter. Zur Finanzierung des größten Teils der Staatshaushaltsausgaben lief sie auf Hochtouren, produzierte das Geld, das zur Bezahlung der In- und Auslandsschulden vorgesehen war. Die Geldmenge stieg immer weiter, das Papierzettelgeld wurde bedeutungslos. Felix Deutsch von der AEG, Sprecher des Präsidiums des Reichsverbandes der Industrie, forderte 1920, die Inflation fortzusetzen. Sie kürzte die Reallöhne der Arbeiter, erhöhte die Profite und unterstützte die Exporteure. Je tiefer der »Wert« der Reichsmark sank, desto begehrter wurden ausländische Währungen, umso leichter konnte man die Preise in ausländischen Währungen senken, den Export ausweiten und die Konkurrenten schädigen.

Ruhrkönig Hugo Stinnes behauptete 1922, als Walter Rathenau die Inflation stoppen wollte, dass eine fixierte Mark ein nationales Unglück sei. Verständlich, denn die mit der Inflation in Gang gesetzte Umverteilung machte Stinnes zum größten Inflationsgewinner und reichsten Mann des Reiches.[24] Die Reichsbank lehnte im gleichen Jahr die Stabilisierung der Mark ab. Dies komme erst in Frage, wenn das Reparationsproblem befriedigend gelöst sei. Reaktionäre Kreise des Finanzkapitals provozierten Anfang 1923 einen Konflikt, der zur Besetzung des Ruhrgebiets durch französische und belgische Truppen führte. Die Reichsregierung wollte die Reparationen nicht mehr bezahlen und auch keine Ersatzleistungen erbringen, beispielsweise in Form von Kohle. Die deutsche Regierung unter Reichskanzler Wilhelm Cuno rief zum »Ruhrkampf«, zum passiven Widerstand gegen die militärische Besetzung auf. Um die Streikenden bei Laune zu halten, wurden ihnen entsprechende finanzielle Hilfen ausgezahlt – in einer Mark, die sich durch die von der Regierung betriebene Geldvermehrung immer rascher entwertete. Die Inflation wurde zusätzlich angeheizt.

24 Jürgen Leibiger, 1923 – Ruhrbesetzung, Inflation und »deutscher Oktober«, Das Blättchen, Nr. 2/2023, 16.1.2023, S. 6.

Die Hyperinflation 1923: Geldmengen und Preise explodierten. Die große theoretische Frage dabei lautet: Steigen erst die Geldmengen und dann die Preise oder ist es umgekehrt, sind die Preise die Ursache der wachsenden Geldmengen? Die einen argumentierten auf Basis der einfachen Quantitätstheorie: Staatliche Haushaltsdefizite erhöhten den Banknotenumlauf. Er bewirkte, dass die Preise stiegen und der Währungskurs sank. Andere sahen den Zusammenhang umgekehrt: Krieg, Kriegsfinanzierung und die Folgen des Krieges führten zu einem hohen Importbedarf und zu hohen Zahlungsverpflichtungen gegenüber dem Ausland. Aus diesen Gründen wertete die Mark stark ab bzw. der US-Dollar gegenüber der Reichsmark stark auf und das allgemeine Preisniveau stieg. Da die Gewerkschaften eine Anpassung der Löhne an die steigenden Preise durchsetzten, erhöhte sich der Geldbedarf der Wirtschaft und führte zu einer erhöhten Notenausgabe. »Der Kern dieser Argumentation ist also, daß nicht die vermehrte Notenausgabe durch die Reichsregierung das auslösende Moment, sondern diese vermehrte Notenausgabe die Folge der Preissteigerung und der Abwertung der Mark nach außen war.«[25] Leibiger schreibt: »Die Produktionseinschränkungen des Ersten Weltkriegs und die in Gütern zu entrichtenden Reparationsleistungen hatten zu einem Angebotsmangel geführt. Die Unternehmen konnten massive Preissteigerungen durchsetzen, die eine erhöhte Geldmenge, Papiergeld natürlich, erforderlich gemacht hatten. Auch die Staatsausgaben wurden mittels inflationstreibender Anleihen finanziert.«[26] Und so blieb es bis zum Höhepunkt der großen Inflation: Die Unternehmer orientierten sich am gewaltigen Kursverfall der nationalen Währung bzw. dem gigantischen Anstieg des Dollarkurses. Sie erhöhten

---

25 Harald Scherf, Inflation, in: Handwörterbuch der Wirtschaftswissenschaften, Band 4, Stuttgart/Tübingen/Göttingen 1988, S. 161.

26 Jürgen Leibiger, 1923 a. a. O., S. 6.

ihre Preise in dem Maße, wie der Dollar gegenüber der Reichsmark zulegte. Und die inflationären Preissteigerungen führten dazu, dass der Dollarkurs in schwindelerregende Höhen stieg – eine verhängnisvolle Wechselbeziehung. Die vor allem ab 1920 bis Ende 1923 erfolgenden dramatischen Preissteigerungen erzwangen die ebenso dramatische Erhöhung des Notenumlaufs.

Arten und Ursachen von Inflation

Nachfragesog – Die »inflatorische »Lücke«

Nichtmonetärer Nachfragesog

Autonome Erhöhungen der Gesamtnachfrage sind die Ursache der Inflation für keynesianisch orientierte Ökonomen. Die Nachfragezuwächse stoßen auf ein begrenztes Güterangebot und lösten Preissteigerungen aus. Der Einsatz des Kapitals sei in der Regel nicht flexibel genug, um bei Nachfrageverschiebungen preissteigernde Engpasssituationen auf der Angebotsseite zu vermeiden. Inflationsverursacher sind die Nachfragenden:

- Der *Staat*. Kriege, Rüstung, Kriegsfinanzierung, die Aufblähung des Staatsapparates, die Errichtung öffentlicher Einrichtungen (Schulen, Krankenhäuser, Straßen, Brücken usw.) und die Gewährung sozialer Leistungen lösten inflationär wirkende Ausgabenschübe aus. Die staatlichen Ausgaben werden finanziert durch Steuererhöhungen, Geldschöpfung und Kreditaufnahme.
- Die *privaten Haushalte*. Die Nachfrage nach Konsumgütern steigt. Gründe dafür könnten Änderungen in der Konsumneigung und das Bevölkerungswachstum sein. Vordergründige Ursache der Inflation: Der unersättliche Wunsch der Bevölkerung, Bedürfnisse von morgen schon heute befriedigen zu wollen. Finanzierungsquellen könnten sein: ein höheres Einkommen, Verschuldung und Abbau der Ersparnisse.

- Die *Unternehmen*. Eine sich selbst verstärkende Nachfrage nach Investitionen, ausgelöst durch technische Neuerungen, Konkurrenzdruck und günstige Profiterwartungen, bewirke inflationäre Preissteigerungen.
- Das *Ausland*. Im System fester Wechselkurse steigt die Nachfrage des Auslands nach heimischen Produkten, wenn die Inlandspreise kleiner sind als die Auslandspreise. Das Inland exportiert mehr als es importiert. Das Inland importiere die Inflation des Auslands (importierte Inflation). Der Exportüberschuss des preisstabileren Landes bewirke zudem einen Devisenzustrom, der die inländische Zentralbankgeldmenge steigen lasse und Inflationspotenzial darstellt. Der Exportüberschuss bewirke außerdem, dass die inländischen Ressourcen sich verknappen, was sich ebenfalls in steigenden Preisen äußere.

Etwas anders in der aktuellen Inflation: Der primäre Inflationsimpuls sei nicht von einer gestiegenen Nachfrage ausgegangen. Vielmehr sei es bei gegebener Nachfrage durch die Pandemie, Covid-Lockdowns und Quarantäne, aber auch durch den Stau im Suezkanal (im März 2021) zu Verknappungen des Angebots gekommen. Das Angebot an Rohstoffen, Vorstoffen und Zwischenprodukten konnte nicht in erforderlichem Umfang aufrechterhalten werden. Engpässe seien entstanden, Lieferketten gebrochen. Besonders betroffen davon waren Stahl, Holz, Halbleiter, Magnesium, Aluminium. Massive Probleme im weltweiten Frachtverkehr: An wichtigen Häfen in Asien und Amerika stauen sich dutzende Containerschiffe, welche aufgrund der Erkrankung vieler Arbeitskräfte und Gesundheitstests nicht planmäßig entladen werden können. Flüssiggastanker kreuzen vor den Küsten und warten bis Entladestellen frei werden oder so lange, bis die Preise erneut gestiegen sind. Der Platz auf den riesigen Frachtern ist hart umkämpft. Die Containerfrachtpreise sind im Jahr 2022 siebenmal höher als drei Jahre zuvor. Länder in Afrika und Asien litten bis Juli 2022 an Getreidemangel, weil die Ukraine kriegsbedingt kein Getreide über das Schwarze Meer ausführen konnte. Die Sanktionen, die der Westen gegenüber Russland verhängt hat, haben vor allem bei Energierohstoffen, Getreide und Düngemitteln zur Verknappung des Angebots beigetragen.[27] Europäische Länder ordern mehr Flüssigerdgas und Öl, um sich von Russland unabhängig zu machen. Sie zahlen Preise, die ärmere Länder wie Pakistan, Indien oder Bangladesch nicht leisten können und die deshalb ihren Bedarf nicht decken können. Es ist ähnlich wie bei einer Auktion: Die begehrte Ware bekommt, wer am meisten zahlt. Ärmere Länder und Nachfrager werden verdrängt. Typisch für Kaufgeschäfte auf den »normalen« Märkten ist dies indes nicht. Typisch ist, dass die Anbieter die Preise setzen und die Käufer sie akzeptieren. Keine Frage dagegen ist, dass Anbieter einen Anstieg der Nachfrage oder/und Angebotslücken nutzen, um ihre Preise hochzusetzen.

Monetärer Nachfragesog

Die Monetaristen sagen, eine Erhöhung des Geldangebots im Vergleich zum realen Güterangebot löse die Inflation aus. Die angebotene Geldmenge sei eine Größe, die durch eine aktive Geldpolitik der Zentralbanken bestimmt werden könnte. Es gibt zwar einigermaßen logisch plausible Begründungen dafür, wie der Geldmengenimpuls zu einer höheren Konsum- und Investitionsgüternachfrage führen könnte, die Modelle sind aber nicht sehr realistisch. Grundsätzlich können Geldangebotserhöhungen nur dann entsprechende Nachfrage- und Ausgabensteigerungen nach sich ziehen, wenn sie vorher in Kredite und Einkommen umgewandelt wurden. Dazu bedarf es zusätzlicher Voraussetzungen, die keineswegs per se gegeben sind. So hat die Europäische Zentralbank mit ihrer extrem lockeren Geldpolitik

---

27 Vgl. Jörg Kronauer, Weltweiter Schaden. Über die Folgen des Sanktionsregimes, das der Westen über Russland verhängt hat, junge Welt, 23.11.2022, S. 12/13.

– Quantitative Easing – seit 2008 fünf Billionen Euro durch Ankauf von Wertpapieren in den Bankensektor gedrückt, die Verschuldung der Staaten zu niedrigen Zinsen ermöglicht und für ausreichend Inflationspotenzial gesorgt. Doch solange das viele Geld auf der hohen Kante liegt oder auf den Finanzmärkten bewegt wird, gehen auch von massiven Geldüberhängen weder Wachstumsimpulse noch inflationäre Preissteigerungen aus. Die Zentralbank kann über die Offenmarktpolitik die Höhe ihrer Geldemission steuern. Die Geldmenge, die zirkuliert, wird durch die Höhe der Preise bestimmt, und keine Zentralbank kann die Güterpreise festlegen. Über bestimmte Zwischenstufen kann sie die Preisbildung aber partiell und indirekt beeinflussen. Durch Zinssenkungen könnte sie einen Kapitalabfluss in höher verzinste Währungen, z. B. in den Dollarraum, bewirken, der dazu führt, dass die eigene Währung abwertet, die Importpreise steigen und so die heimische Inflation befeuert wird (importierte Inflation).

Eine exzessive Staatsverschuldung, die vom Bundestag beschlossene Erhöhung des Wehretats auf zwei Prozent des Bruttoinlandsprodukts, das Sofortprogramm für Aufrüstung in Höhe von 100 Milliarden Euro und die Maßnahmen zur Eindämmung der sozialen Folgen der Energiekrise in Höhe von 200 Milliarden Euro – der »Doppel-Wumms« – lenken zusätzliches Geld in die Märkte, erhöhen die Nachfrage, für die kein Angebot da sei, und verschärften die Inflation. Diese staatlichen Geldflüsse zu den Konsumenten, Investoren und Produzenten erhöhen zwar die Nachfrage. Dass diese aber nur zu höheren Preisen bedient werden könnte, wird von Ökonomen immer nur unterstellt, aber nicht begründet.

Monetäre und nichtmonetäre Nachfragesogtheorien der Inflation führen zum gleichen Ergebnis. Sie unterscheiden sich darin, dass einmal die Inflation vom Gütermarkt ausgeht – eine Zunahme der Güternachfrage steigende Geldmengen und Preise nach sich zieht (nichtmonetärer Nachfragesog) –, zum anderen die Inflation vom »Geldmarkt« ausgelöst werde – eine erhöhte Geldmenge einen Anstieg der Nachfrage nach Investitions- und Konsumgütern verursache. Die Differenz zwischen der monetären Gesamtnachfrage und dem Gesamtangebot an Gütern zu den bisherigen Preisen ist die »inflatorische Lücke«. Sie entstünde durch Anpassungen der Löhne an die gestiegenen Preise immer wieder neu, wenn das Güterangebot nicht ausgeweitet wird und die Sparneigung nicht zunimmt. Die Unternehmer machen höhere Profite, wovon der Staat profitiert, wenn er sie besteuert.

Offenbar die naheliegendste und oberflächlichste aller denkbaren Erklärungen: Die Preise steigen, weil die Nachfrage zugenommen habe und das Angebot nicht mithalten könne. Oft wird hinzugefügt, vor allem die Nachfrage der Chinesen. Die Beantwortung einer schlichten ökonomischen Frage wird mit den üblichen Schuldzuweisungen verknüpft. Wer glaubt ernsthaft, die aktuellen, enormen Preissteigerungen bei fast allen Produkten, vor allem bei Energie, Strom, Benzin, Öl, Gas und Lebensmitteln, hätten damit zu tun, dass die Nachfrage nach den Produkten gestiegen sei? Weshalb sollte die Nachfrage gestiegen sein bei geringem Einkommen jener, die vielleicht zusätzlichen Bedarf haben, aber das Gewünschte oder Erforderliche mangels Geld gar nicht nachfragen können? Weshalb bei denen, die zwar hohe Einkommen beziehen und Vermögen besitzen, aber komfortabel ausgestattet sind mit Konsumgütern? Weshalb die der Unternehmen nach Rohstoffen und Maschinen bei stagnierendem Wirtschaftswachstum? Sie alle haben keinen nennenswerten Mehrbedarf. Und wenn es so wäre, weshalb fällt den »Experten« und Unternehmen nicht ein, statt die Preise zu erhöhen, die immensen Überschüsse abzubauen und die nicht ausgelasteten Kapazitäten zu nutzen? Dafür gibt es einen Grund: Die Preistreiber – Kapitalisten, Monopole – sollen aus der Schusslinie genommen werden. Deshalb wird ein »naturgesetzlicher« Zusammenhang zwischen der Nachfrage und den Preisen erdacht. Es geht nicht darum, die Ursachen seriös zu untersuchen, sondern jene verantwortlich zu machen für die explodierenden Preise, die sie zahlen müssen: die Konsumenten, denen durch höhere Preise reales Einkommen geraubt wird und ein bisschen den Staat, der sich verschuldet oder das böse, unseriöse Ausland. Und um die wahren Verursacher des Preisanstiegs freizusprechen – eine leicht durchschaubare Absicht. Wären inflationäre Preissteigerungen das Resultat einer gestiegenen Nachfrage, dann müssten beispielsweise wie bei einer Auktion die Autofahrer an den Tankstellen sich gegenseitig mit Preisgeboten zu überbieten versuchen, um ihre Tanks mit dem begehrten Kraftstoff füllen zu können. Die Kassiererin im Supermarkt müsste den Vanille-Pudding der oder dem Meistbietenden verhökern. Doch das geschieht nicht. Die Kunden müssen die verlangten Preise akzeptieren. Mineralölkonzerne, nicht die Käufer, setzen die Preise fest, und eine angeblich gestiegene Nachfrage ist nur ein Vorwand, sie zu erhöhen. Und glaubt man, die Zentralbanken könnten, wenn sie nur wollten, eine stabilitätsgerechte Geldmengen- und Zinssteuerung betreiben – eine heroische Vereinfachung und gewaltige Illusion – erscheint die durch Nachfragesogfaktoren angeblich verursachte Inflation geldpolitisch lösbar, wie ein Heer an namhaften und weniger namhaften Ökonomen nicht müde wird zu betonen.

Viele Unternehmen erhöhen die Preise nicht nur, wenn die Nachfrage steigt, sondern auch, wenn sie sinkt – z. B. Wasserversorger, Energieversorger. Konsumenten verbrauchen weniger Wasser und Energie, Wohnungen stehen leer, die Zahl der verkauften Zeitungen sinkt, der schlichten neoklassischen Nachfragetheorie zufolge müssten die Preise und Mieten nachgeben. Falsch gedacht! Sie steigen, weil die Unternehmen dadurch, dass ihre Absatzmengen zurückgehen, steigende Stückkosten haben und bei einer mindestens gleichbleibenden Profitmarge auf die höheren Kosten die Preise nach oben setzen. Damit ist eine andere Inflationstheorie angesprochen, die Angebotsdrucktheorie.

In der Realität ist es allerdings schwierig, einen anhaltenden Anstieg des Preisniveaus entweder als Nachfrage- oder als Angebotsinflation zu identifizieren. Ein Lohnanstieg kann sowohl angebotstheoretisch – Löhne als Kosten – als auch nachfragetheoretisch – Löhne als nachfragewirksames Einkommen – ausgelegt werden. Steuern drücken als »Kosten« die Preise hoch oder mehren, wenn sie vom Staat ausgegeben werden, die Nachfrage.

Angebotsdruck

Kostendruck

Steigende Rohstoffpreise und demzufolge Materialkosten, vor allem Löhne bewirkten einen Anstieg der Preise der Finalerzeugnisse, wenn die Unternehmen den Preisanstieg der Produktionsfaktoren (Arbeitskräfte, Material, Maschinen) nicht durch Produktivitätssteigerungen kostenneutral abfangen könnten. Andernfalls müssten sie geringere Profite, eventuell Verluste hinnehmen. Das widerspricht dem Mehrwertgesetz und muss verhindert werden. Verhindert wird der mögliche kostenbedingte Profiteinbruch, indem die Preise angehoben werden. Eine importierte Kostendruckinflation liegt vor, wenn die Preise für unverzichtbare Rohstoffe, die mangels inländischer Vorkommen aus dem Ausland bezogen werden, dort steigen. Es war bereits erwähnt worden, dass die Unternehmen die Preise festsetzen, und eine angeblich gestiegene Nachfrage oft nur der Vorwand ist, sie zu erhöhen. Trifft das Verdikt auch auf die »Angebotsinflation« zu? Bei ihr ginge der Impuls für die Erhöhung der Preise von den Anbietern aus. Also doch von den Kapitalisten? Natürlich nicht… Denn höhere Material- oder/ und Lohnkosten sowie höhere Steuern des Staates drückten die Preise in die Höhe, wogegen kein Unternehmer etwas unternehmen könnte. Die Energiesteuer ist eine Ursache für die hohen Benzinpreise, aber nicht für die jüngsten Preissprünge an den Tankstellen. Sie ist für einen Liter Benzin stets gleich. Der Kunde zahlt für ihn stets 65,45 Cent Mineralölsteuer, egal wie hoch der Bruttopreis gerade ist. Es ist üblich, dass die Kapitalisten die Erhöhung der Preise damit zu rechtfertigen versuchen, dass die Kosten gestiegen wären. Sie hoffen, dass so die unpopuläre Maßnahme auf Verständnis stößt. Der wesentliche Grund für die Inflation ist jedoch ein anderer: Unternehmen erhöhen die Preise, weil sie ihre Profite steigern wollen. Und sind die Materialkosten tatsächlich gestiegen, ist der Verweis darauf keine Erklärung für die Inflation, sondern zeigt, wie sich die Ursachendeuter im Kreis drehen. Viele Wirtschaftskommentatoren begnügen sich mit dem Hinweis, die Inflation sei gestiegen, weil die Rohstoffpreise gestiegen sind. Preise steigen, weil Preise steigen. Will niemand erkennen, dass die Inflation mit sich selbst erklärt wird?

Die Tautologie enthält einen rationalen Kern: Die Inflation wird gemessen an den Kosten für die Güter der Lebenshaltung. Gestiegene Rohstoffpreise werden auf die aus ihnen produzierten Waren weiterverrechnet, deren Preise dann auch steigen. Bevor die Konsumgüterpreise steigen, steigen die Preise der Rohstoffe und die Erzeugerpreise gewerblicher Produkte. Die letzten waren im Oktober 2022 um 34,5 % höher als im Oktober 2021, auch der Anstieg der Rohstoffpreise schwächte sich im Herbst 2022 ein wenig ab. Damit hat sich nach Angaben des Statistischen Bundesamtes (Destatis) zwar der Preisauftrieb auf Erzeugerebene etwas verlangsamt, wird aber bis in das Jahr 2023 hinein die Inflation der Konsumgüterpreise weiter befeuern. Doch das ist nicht die Frage. Gefragt werden muss, weshalb die Rohstoffpreise und die Erzeugerpreise gewerblicher Produkte gestiegen sind. Auch hier sind eher selten ein plötzlicher Zuwachs der Nachfrage, ein Ausfall an Angebot oder Aufwandserhöhungen bei der Produktion die Ursache. Warum sollten die Kosten der Rohstofferzeugung gestiegen sein? Das wäre allenfalls denkbar beim Übergang zum Abbau ungünstigerer Vorkommen – den es geben kann. Aber in den meisten Fällen haben sich die Aufwendungen zur Förderung der Rohstoffe nicht erhöht. Produktivitätssteigerungen haben sie oft sogar gesenkt. Und wer die betriebliche Kalkulationspraxis kennt, weiß, dass die Materialkosten nicht ermittelt werden, indem die gezahlten Einkaufspreise zugrunde gelegt werden. Sie werden festgesetzt auf der Basis der Preise, die man erwartet. Kalkulieren Unternehmer ihre Kosten, legen sie höhere künftige Einkaufspreise zugrunde als die, die sie gezahlt hatten. Entscheidend dabei ist die Hoffnung, sich satte Profite zu sichern. Die Preise steigen nicht, weil die Kosten gestiegen sind, sondern die Kosten steigen, weil man erwartet, dass die Preise steigen werden und weil die Anbieter hohe Profite kalkulieren, die in den kalkulierten, noch nicht eingetretenen Kosten versteckt werden. Es sei »in der Regel kaum zu entscheiden«, wird zugegeben, »ob die Kostenerhöhungen der ›Grund‹ des Preisniveauanstiegs sind oder ob dieser ihnen vorausgeht. Beobachtet werden Kosten- *und* Preissteigerungen.«[28] Bei den enormen Preisschüben bei Gas, Strom und Rohstoffen während der Energiekrise 2022 geraten jedoch viele kleine und mittelständische Unternehmen (z. B. Bäckereien) in Schwierigkeiten. Zuallererst die, die höheren Kosten nicht auf die Preise ihrer Waren umlegen können, ohne befürchten zu müssen, dass die Nachfrage einbricht.

Abschreibungen und Inflation

Das fixe Kapital – stofflich: Maschinen, Sachanlagen, Gebäude – unterliegt einem physischen und moralischen Verschleiß. Der physische oder materielle Verschleiß ist nach Marx »der Wertteil, den das fixe Kapital allmählich durch seine Vernutzung an das Produkt abgibt, in dem Durchschnittsmaß, worin es seinen Gebrauchswert verliert.«[29] »Neben dem materiellen

28 Harald Scherf, Inflation, a. a. O., S. 170.

29 MEW 24, S. 171.

unterliegt die Maschine aber auch einem sozusagen moralischen Verschleiß.«[30] Der moralische Verschleiß steht mit der Entwicklung der Produktivkräfte im Zusammenhang, kann auch Verschleiß durch technischen Fortschritt genannt werden. Durch ihn kann sich das fixe Kapital schon vor dem physischen Verschleiß und unabhängig von ihm entwerten. Das ist auf zwei Wegen möglich: »Sie verliert Tauschwert im Maße, worin entweder Maschinen derselben Konstruktion wohlfeiler reproduziert werden können oder beßre Maschinen konkurrierend neben sie treten.«[31] Der durch die konkrete Arbeit allmählich auf das zu fertigende Produkt übertragene Wert des fixen Kapitals ist Teil der Erlöse. Er fließt mit ihnen nach dem Verkauf der Waren in Geldform in das Unternehmen zurück. Dort bildet er den Amortisationsfonds. Der Warenwert »enthält ein Element für Wertverlust von fixem Kapital, das nicht sofort in natura zu ersetzen, sondern in Geld zu verwandeln, das als Totalsumme nach und nach sich anhäuft, bis der Termin der Erneuerung des fixen Kapitals in seiner Naturalform fällig geworden.«[32]

Die Erhöhung der organischen Zusammensetzung des Kapitals, die zunehmende Bedeutung sich selbst steuernder Arbeitsmittel wirkt sich auf die Wertbestandteile der Ware aus. Während der Anteil der Abschreibungen, also des verbrauchten konstanten, fixen Kapitals steigt, sinkt der der Löhne. Schon in den 1930er Jahren hatte der Lohnanteil in vielen Zweigen unter einem Fünftel der betrieblichen Gesamtkosten gelegen. Er ist unter den Bedingungen einer weit kapitalintensiveren Industrie niedriger als der Öffentlichkeit suggeriert wird. Schon deshalb ist es absurd, so zu tun, wie auf »Arbeitgeberseite« üblich, als seien die Löhne die entscheidende Determinante des Preisniveaus und der »Wettbewerbsfähigkeit«. In den automatisierten Betrie-

30 MEW 23, S. 426.

31 ebd.

32 MEW 24, S. 450.

ben machen die Löhne zwischen 10 und 15 Prozent der Kosten aus.[33]

Sind Maschinen und Anlagen weit vor der tatsächlichen physischen Abnutzung des Gebrauchswerts wertmäßig bereits vollständig abgeschrieben, können sie weiter genutzt oder verkauft werden. Sie stehen dann meist mit einem »Erinnerungsbetrag«, einem symbolischen Wert von einem Euro zu Buche. Im Falle der Weiternutzung leisten sie einen »Gratisdienst«. »Im Verhältnis, worin diese Arbeitsmittel als Produktbildner dienen, ohne dem Produkt Wert zuzusetzen, also ganz angewandt, aber nur teilweis konsumiert werden, leisten sie, wie früher erwähnt, denselben Gratisdienst wie Naturkräfte, Wasser, Dampf, Luft, Elektrizität usw. Dieser Gratisdienst der vergangnen Arbeit, wenn ergriffen und beseelt von der lebendigen Arbeit, akkumuliert mit der wachsenden Stufenleiter der Akkumulation.«[34] In Höhe der nicht mehr anfallenden Abschreibungen fallen bei konstanten Verkaufspreisen zusätzliche Gewinne an. Da in Höhe der entfallenen Abschreibungen die Preise sinken könnten, aber konstant gehalten werden, können nennenswerte Gratisdienste der Arbeitsmittel in einer Volkswirtschaft langanhaltende Preis-Wert-Abweichungen und damit einen inflationären Zustand begründen.

»Lohn-Preis-Spirale«

Unverzichtbarer Teil der herrschenden Ökonomik ist die Lohn-Preis-Spirale. Sie stellt in verschiedenen Variationen den Kern der bürgerlichen Inflationserklärung dar. Und sie wird manchmal selbst von links-affinen Ökonomen geteilt. Solange »keine übermäßige Lohnentwicklung in Sicht« ist, herrsche »keine Inflation im eigentlichen Sinne«, erst wenn »die Löhne stärker steigen als das mit dem Inflationsziel der EZB vereinbar

---

33 Klaus Müller, Lohnarbeit und Arbeitslohn, Köln 2018, S. 107-111.

34 MEW 23, S. 635.

ist, käme es zu einer Verfestigung der hohen Inflation«. Daher sei es wichtig, »eine Preis-Lohn-Spirale zu verhindern.«[35] Löhne und Preise drückten sich in quasi naturgesetzlich gegenseitig nach oben. Höhere Löhne führten zu steigenden Preisen: sie verteuerten die Produktion, erhöhten aber auch die Einkommen, die es den Arbeitern ermöglichten, die teureren Waren zu bezahlen. Steigende Preise zwingen die Gewerkschaften, höhere Löhne zu fordern, um das reale Einkommen zu sichern. Die hohe Inflation in Deutschland hat wie bereits im 4. Quartal des Vorjahres im 1. Quartal 2022 zu einem Reallohnrückgang geführt: Zwar waren die Nominallöhne im 1. Quartal 2022 nach ersten und vorläufigen Ergebnissen der neuen Verdiensterhebung um 4,0 % höher als im Vorjahresquartal. Aber die Verbraucherpreise stiegen im selben Zeitraum um 5,8 %, danach noch stärker. Wie das Statistische Bundesamt mitteilt, ergibt dies einen realen (preisbereinigten) Verdienstrückgang von 1,8 %. Im 2. Quartal 2022 sank nach offiziellen Angaben der Reallohn um 4,4 %, im 3. Quartal des Jahres um 5,7 %.[36] Mit mehr Lohn in der Tasche können sich die Leute weniger kaufen. Folgerichtig forderten die Gewerkschaften in der sich anschließenden Tarifrunde deutliche Lohnerhöhungen – bis zu 15 Prozent. Wird dadurch die Inflation verfestigt?

Oberflächlich gesehen, scheint einiges für die Existenz einer Lohn-Preis-Spirale zu sprechen. Unternehmer führen steigende Preise auf gestiegene Lohnkosten zurück und Arbeiter begründen ihre Forderungen nach höheren Löhnen mit dem gestiegenen Preisniveau. Der Kampf um die Aufteilung des Volkseinkommens ist verbunden mit gegenseitigen Schuldzuweisungen: Für

35 Die Auffassung äußerte Silke Tobler, vorgestellt als Expertin für Geldpolitik beim Institut für Makroökonomie und Konjunkturforschung der gewerkschaftsnahen Hans-Böckler-Stiftung, gegenüber der Tageszeitung junge Welt, 9./10. Juli 2022, S. 6.

36 Destatis (Statistisches Bundesamt), Reallöhne und Nettoverdienste, destatis.de, abgerufen am 1.12.2022.

die Unternehmer sind die Lohnforderungen der Gewerkschaften, für die Lohnempfänger die Preissteigerungen der Unternehmen jeweils das auslösende Moment. Langfristig gehe der Kampf aus wie das Hornberger Schießen: Vorübergehende Lohnvorteile würden durch höhere Preise und vorauseilende Preise durch nachträgliche Lohnkorrekturen wettgemacht. Die Lohn-Preis-Spirale erweist sich als eine These, mit der der Status quo der Einkommensverteilung scheinbar erklärt und in den Stand eines naturgesetzlichen Dogmas gehoben wird. Sie dient dazu, Unternehmern und Arbeitern gleichermaßen die Schuld an der Inflation zu geben oder beide davon frei zu sprechen. Die »Arbeitnehmer« seien im Recht, wenn sie wegen gestiegener Preise höhere Löhne forderten. Und die Unternehmer wiederum hätten »keine andere Wahl, als die Lohnforderungen der Arbeiter in Form von höheren Preisen an die Konsumenten weiterzugeben.[37] Was ist dran an dieser Argumentation, die so vielen einleuchtet?

Eine willkürliche Formel | Die Standardformel der herrschenden Lehre besagt, dass die Preissteigerungsrate gleich der Differenz aus Lohnsteigerung und Produktivitätszuwachs sei: Inflationsrate = Lohnsteigerungsrate – Produktivitätszuwachsrate.[38] »Wenn also beispielsweise die Löhne um 5 % steigen und der Produktivitätsanstieg 2 % beträgt, erhöhen die Unternehmer ihre Preise um 3 %.«[39] Weshalb sollten die Unternehmer sich an die Lehrbuchweisheit halten? Aber auch mit der formalen

37 Droht eine Lohn-Preis-Spirale?, in: WISU – Das Wirtschaftsstudium 12/2021, S. 1244.

38 Paul A. Samuelson / William D. Nordhaus, Volkswirtschaftslehre. Grundlagen der Makro- und Mikroökonomie, Band 1, 8. Aufl., Köln 1987, S. 392f.

39 Peter Bofinger, Grundzüge der Volkswirtschaftslehre. Eine Einführung in die Wissenschaft von Märkten, 2., aktualisierte Auflage, München 2007, S. 470. Zur ausführlichen, formallogischen Widerlegung der Standardauffassung siehe Klaus Müller, Die Ermittlung verteilungsneutraler Lohnsteigerungen, in: WISU – Das Wirtschaftsstudium, 4/2013, S. 561-569.

Logik hapert es. Richtig ist zwar, dass die Stückgewinne gleichbleiben, wenn die Löhne und die Produktivität gleich stark steigen, m. a. W. auch die Gewinne im Umfang der Produktivität und der Löhne wachsen, jeglicher Grund für die Unternehmer daher entfällt, mit Preissteigerungen auf den Anstieg der Löhne zu reagieren. Ist aber der Produktivitätsanstieg gleich Null, würden die Preise der Formel nach prozentual so stark steigen wie die Löhne. Eine einfache Überlegung zeigt, wie willkürlich dies wäre: Der Preis einer Ware sei 100 und der Anteil der Lohnkosten am Preis betrage 18 Prozent. Weshalb die Preise um 10 Euro (= 10 Prozent) steigen müssten, wenn die Löhne um 1,8 Euro (=10 Prozent) steigen, bleibt ein Geheimnis zahlloser Ökonomieprofessoren.[40] Eine zehnprozentige Lohnerhöhung bei einem Automobilteilehersteller würde bei einem Anteil der Lohnkosten von 18 Prozent zu einer Preiserhöhung von 1,8 Prozent führen, wenn die Lohnerhöhung weitergegeben wird. Daran wird deutlich, wie absurd es ist, den Gewerkschaften die Verantwortung für steigende Preise anzulasten. Ganz im Gegenteil: Die Löhne können bzw. *müssen* stärker steigen als die Preise, sollen sich die Gewinnsumme, die Stückgewinne und die Verteilung des Neuwerts in Löhne und Gewinne – die Einkommensverteilung – nicht ändern. Wenn daher bei einem Anstieg des Preisniveaus von 10 Prozent, die Gewerkschaft ver.di für die Beschäftigten der Deutschen Post im Januar 2023 ein Lohnplus von 15 Prozent fordert, ist das angemessen. Steigen die Löhne weniger stark als die Preise, profitieren die Gewinnempfänger von den Änderungen. Die Verteilung des Neuwerts verschiebt sich zu ihren Gunsten.[41] Die Preiserhöhung könnte daraus resultieren, dass andere Kosten, z. B. für Material und Energie, gestiegen

40 Sie setzen offenbar stillschweigend voraus, dass auch alle anderen Kosten im Ausmaß der Löhne steigen würden.

41 Rechenbeispiele dazu in: Klaus Müller, Die Ermittlung verteilungsneutraler Lohnsteigerungsraten, a. a. O., S. 564f.

sind oder dass zu hohe Abschreibungen verrechnet werden. Unternehmer rechtfertigen die Erhöhung der Preise damit, dass die Kosten gestiegen wären. Wer die Praxis der Kostenkalkulation in den Betrieben kennt, weiß, dass es sich oft umgekehrt verhält. Die Materialkosten werden nicht kalkuliert zu den gezahlten Einkaufspreisen. Es war bereits gesagt worden, dass sie festgesetzt werden auf der Basis der Preise, die man erwartet. Und die sind üblicherweise höher als die gezahlten. Die Preise steigen also nicht, weil die Kosten gestiegen sind, sondern: die Kosten steigen, weil man erwartet, dass die Preise steigen werden. Der vermutete künftige Preiszuwachs wird den aktuellen Kosten zugeschlagen. Die verrechneten Kosten sind höher als die tatsächlich angefallenen. Hinter der pessimistischen Erwartung steckt sicher die Erfahrung inflationärer Entwicklungen, vor allem aber der Wille, den Profit zu sichern und zu erhöhen. Das ist der entscheidende, der tiefere Grund: Preissteigerungen begleiten das Streben nach höchstem Profit.

Wenn bei gegebenen Preisen, sonstigen Kosten und gegebener Produktivität die Lohnkosten steigen, gehen die Profite im Ausmaß der Lohnsteigerung zwingend zurück. Unternehmer wollen dies verhindern. Deshalb setzen sie den Preis hoch. Was als lohnbedingte Preissteigerung hingestellt wird, ist der Versuch, eine Korrektur der Verteilung der Einkommen zugunsten der Lohnempfänger zu verhindern. »Eine allgemeine Steigerung der Löhne (kann) niemals eine mehr oder minder allgemeine Verteuerung der Waren herbeiführen … eine allgemeine Steigerung der Löhne (würde) ein allgemeines Sinken der Profite bewirken und der Marktpreis der Waren keine Veränderung erleiden«.[42] Die Korrektur wäre möglich, wenn man sie nur wollte. Der Profit wird aus der Lohn-Preis-Argumentation herausgehalten, aus einem einzigen Grund: weil es um ihn geht. Er gilt als heilig, als unantastbar.

42 Karl Marx, Das Elend der Philosophie, in: MEW 4, S. 175.

Steigen die betrieblichen Löhne so stark wie die Produktivität, erhöhen sich die Lohnkosten nicht; die Stückgewinne bleiben gleich, die Lohnerhöhung war kostenneutral. Erst wenn bei gegebenen Preisen, sonstigen Kosten und gegebener Produktivität die Lohnkosten steigen, gehen die Profite zurück.[43] Und genau das gilt es zu verhindern.

Zu beachten ist der *Zeitaspekt.* Preise steigen während des gesamten Jahres. Der Zuwachs der Löhne muss zwischen den Tarifparteien erst ausgehandelt werden. Das geschieht einmal im Jahr. Mit ihm wollen die Gewerkschaften die Teilhabe am Produktivitätszuwachs sichern und den durch Preissteigerungen eingetretenen Reallohnverlust ausgleichen. Die Preise laufen den Löhnen davon. Steigen die Preise um 10 Prozent, setzen die Gewerkschaften aber nur um 8 Prozent höhere Löhne durch, willigen sie ein, dass die Reallöhne fallen. Der manchmal verwendete Begriff »Preis-Lohn-Spirale« trägt dem realen Ablauf zwar besser Rechnung, weil er die Ursache für Lohnerhöhungen in vorher erfolgten Preissteigerungen sieht. Aber der Begriff »Spirale« ist auch jetzt falsch, weil er eine wechselseitige positive Einflussnahme zwischen Löhnen und Preisen suggeriert. Durch erkämpfte Lohnsteigerungen wird ein bereits eingetretener Reallohnverlust etwas abgeschwächt, nur selten völlig kompensiert. Weshalb soll das der Grund dafür sein, dass die Unternehmer die Preise erneut anheben? Schließlich haben sich die Arbeitenden nur einen Teil dessen zurückgeholt, was ihnen über steigende Preise vorher genommen wurde.

Das Dogma, dass die Warenpreise bestimmt würden durch die Arbeitslöhne, ist unhaltbar: Die Preise folgen nicht primär den Löhnen. Profitstreben, Marktmacht und die Abschöpfung von Liquiditätspotenzialen, erwartete Kosten- und Preiserhöhungen bei Vorprodukten sind wichtigere Einflussfaktoren. Die Löhne sind nur ein Teil der Kosten und des Preises.

43 Vgl. Klaus Müller, Lohnarbeit und Arbeitslohn, Köln 2018, S. 87-111.

Sie können wie jede andere Kostenart auch stärker steigen als der Preis, ohne dass sich dies negativ auf den Gewinn auswirkt. Von einer Lohn-Preis-Spirale kann keine Rede sein. »Tatsächlich betrachten die Unternehmer zumeist eine Lohnerhöhung als willkommene Gelegenheit, nun durch unverhältnismäßige Erhöhung der Preise den Gewinn zu steigern.«[44]

Werttheoretische Kritik | Marx argumentiert gegen die Lohn-Preis-Spirale auf werttheoretischer Basis. Die Wertgröße einer jeden Ware besteht aus zwei Teilen. Erstens aus dem alten Wert, der in früheren Produktionsstufen erzeugt, in den Produktionsmitteln vergegenständlicht und auf die Ware übertragen wurde, zweitens aus dem durch »lebendige« Arbeit geschöpften neuen Wert. Der »alte« Wert stellt das konstante Kapital (c) dar. Er ist bestimmt durch den Wert der Maschinen, Gebäude, des Materials usw. und ändert sich während der Produktion nicht. Er erscheint im neuen Produkt in Form von Abschreibungen, Material- und Energiekosten. Der neue Wert entspricht dem Umfang der lebendigen Arbeit. Ein Teil von ihm fließt in Form des Lohnes an die Arbeiter. Es ist das variable Kapital (v), weil aus diesem Teil des Kapitals der Mehrwert hervorgeht. Die Arbeiter produzieren mehr Wert, als sie selbst besitzen. Der Lohn ist der bezahlte Teil der lebendigen Arbeit. Der unbezahlte Teil ist der Mehrwert (m), der vom Kapitalisten als Profit angeeignet wird. v + m ist der Neuwert, c ist der alte Wert. Er wird durch die konkrete, »lebendige« Arbeit auf das neue Produkt übertragen. Der Wert einer Ware – der Produktenwert – ist daher c + v + m. Die Mehrwertrate m' ist das Verhältnis des Mehrwertes m zum variablen Kapital v:

$$m' = \frac{m}{v} \cdot 100\,\%.$$

44 Werner Hofmann, Einkommenstheorie. Vom Merkantilismus bis zur Gegenwart, Sozialökonomische Studientexte, Bd. 2, 2. Aufl., Berlin 1971, S. 259f.

Das Verhältnis kann man auch in Zeitgrößen ausdrücken. Der Arbeitstag setzt sich aus Mehrarbeitszeit und notwendiger Arbeitszeit zusammen. Der Mehrwert wird in der Mehrarbeitszeit geschaffen. In der notwendigen Arbeitszeit schafft der Arbeiter ein Äquivalent seines Wertes. Die Steigerung der Produktivität ist Mittel zur Produktion von Mehrwert; sie ist notwendiger Ausdruck des kapitalistischen Systems, ihr immanenter Trieb und beständige Tendenz.[45] Die Mehrwertrate steigt, wenn der Wert der Arbeitskraft und damit die notwendige Arbeitszeit als Teil der Gesamtarbeitszeit sinken. Daraus wird gefolgert, dass der Wert der Arbeitskraft nicht steigen könne, weil dies bedeutete, dass die Mehrwertrate sinke. Dies rüttele an den Grundfesten der kapitalistischen Produktion; die Quelle des Profits versiege. Gegen den Anstieg des Wertes der Arbeitskraft spreche auch die durch den Produktivitätsanstieg bewirkte generelle Wertsenkung der Waren. Auf das eine könne der Kapitalismus nicht verzichten, das andere sei unvermeidlich. Der Wert der Ware Arbeitskraft müsste sich verringern, um den Mehrwert zu steigern und die Akkumulation – die Verwandlung von Profiten in Kapital – zu ermöglichen. Doch ein steigender Wert der Ware Arbeitskraft führt nicht zwangsläufig dazu, dass die Mehrwertrate sinkt. Zu beachten ist, dass die Bestimmung der Mehrwertrate die Reduktion komplizierter auf einfache Arbeit und die Ermittlung des Verhältnisses von höherem Wert der qualifizierten Arbeitskraft zu ihrer höheren wertschöpfenden Potenz voraussetzt. Komplizierte »Arbeit gilt nur als *potenzierte* oder vielmehr *multiplizierte* einfache Arbeit, so dass ein kleineres Quantum komplizierter Arbeit gleich einem größeren Quantum einfacher Arbeit.«[46] Wachsender Mehrwert und steigende Mehrwertrate sind bei tendenziell steigendem Wert der Arbeitskraft möglich: durch die Ausbeutung qualifizierterer, komplizierter Arbeit, die einen hö-

45 MEW 23, S. 338, 391.

46 ebd., S. 59

heren Wertzuwachs bringt als sie selbst verkörpert, oder durch die Erhöhung der Intensität der Arbeit, der Verdichtung der Arbeit je Zeiteinheit. Ein Arbeiter, der acht Stunden komplizierte und intensivere Arbeit leistet, schöpft dann etwa so viel Wert, wie einer, der elf oder zwölf Stunden einfache Arbeit verrichtet. Eine Werterhöhung der Arbeitskraft steht weder mit dem Ziel der Mehrwerterhöhung noch mit dem Produktivitätsfortschritt im Widerspruch. Wenn auch nicht bewiesen ist, dass der Wert der Arbeitskraft steigt, so wäre der Anstieg vereinbar mit einer Erhöhung der Mehrwertrate und einer Wertsenkung pro Produkt.

Nur, wenn der Wert der Arbeitskraft, das Wertprodukt (Neuwert) und der Produktenwert *zugleich* steigen, wäre auch ein gleichzeitiges Steigen der Löhne und Preise werttheoretisch begründet. Eine Lohn-Preis-Spirale existierte aber selbst dann nicht. Denn die Preise stiegen nicht deshalb, weil es der Wert der Arbeitskraft und damit die Löhne tun, sondern weil die Produkte einen höheren Wert verkörpern. Steigt dagegen bei gegebenem Produktenwert der Wert der Ware Arbeitskraft und der Lohn, gibt es keinen Grund, die Preise zu erhöhen. Da sich jetzt die notwendige Arbeitszeit am gegebenen Arbeitstag erhöht, sinkt die Mehrarbeitszeit und mit ihr der Mehrwert. Die Kapitalisten widersetzen sich der Schmälerung des Profits, indem sie die Preise hochsetzen, theoretisch gestützt durch die Mär von »der Lohn-Preis-Spirale«. Es ist also nicht der Lohn, der zu einem Anstieg der Preise führt, sondern das Streben der Kapitalisten, die Profite zu mehren und ihren Rückgang zu verhindern. Der Zusammenhang zwischen dem Wert der Ware Arbeitskraft, dem Mehrwert und dem Warenwert enthält den Schlüssel für das Verständnis der Beziehungen zwischen Löhnen und Preisen, die in Form der Lohn-Preis-Spirale oberflächlich und falsch dargestellt werden.

Fazit: Die These ist falsch, dass Lohnsteigerungen einen Anstieg der Preise nach sich ziehen müssten. In einer *produktivitätsbedingt wachsenden Wirtschaft* sind zum Teil starke, scheinbar gegen das Inflationsziel der Europäischen Zentralbank (EZB) verstoßende Lohnsteigerungen vereinbar mit konstanten oder steigenden Gewinnen und stabilen Verteilungen zwischen Löhnen und Gewinnen, mit Bedingungen also, deren Verletzung, ungenannt und verborgen der gängigen Lohn-Preis-Argumentation zugrunde liegt, der Behauptung, steigende Löhne seien die Ursache der Inflation.

Bemerkenswert ist, dass die Lohn-Preis-Spirale so alt wie der Kapitalismus ist und selbst in der Arbeiterbewegung verbreitet war. Theoriengeschichtlich geht sie auf den »närrischen Schnitzer« (Marx) von Adam Smith zurück, der die Einkommen aus Bestandteilen des Werts – was richtig ist – »zu Urquellen alles Tauschwerts« werden lässt,[47] was falsch ist. Wären die Einkommen die Quellen des Werts, müsste ihre Steigerung eine Erhöhung des Wertes (Preises) nach sich ziehen, wo es doch umgekehrt ist: Arbeitszeit – bildet Wert. Wert äußert sich im Preis. Wert und Preis zerfallen in Einkommen. Der französische Sozialist Pierre-Joseph Proudhon (1809-1865) und Ferdinand Lassalle (1825-1864), Wortführer der frühen deutschen Arbeiterbewegung, irrten, indem sie behaupteten, dass eine Erhöhung des Arbeitslohnes nichts nütze. »Jedes Steigen der Löhne kann keine andere Wirkung haben als ein Steigen der Preise des Getreides, des Weines etc.: die Wirkung einer Teuerung. Denn was ist der Lohn? Er ist der Kostenpreis des Getreides etc.; er ist der volle Preis jeder Sache … Es ist unmöglich, erkläre ich, dass Arbeitseinstellungen, die Lohnerhöhungen zur Folge haben, nicht auf eine allgemeine Preissteigerung hinauslaufen: Das ist ebenso sicher, wie dass zweimal zwei vier ist.« Marx, der diese Worte Proudhons zitiert, fügt hinzu: »Wir bestreiten alle diese Behauptungen, ausgenommen die, dass zwei mal zwei vier ist.«[48]

Daran zu erinnern, ist angesichts aktueller Inflation sowie der falschen und noch immer verbreiteten These geboten.

---

47 Karl Marx, Das Kapital, Bd. 2, MEW 24, S. 372.

48 Karl Marx, Das Elend der Philosophie, MEW 4, S. 175.

Profitdruck (Profit-Preis-Spirale)

Karl Marx hat in »Das Kapital« das ökonomische Bewegungsgesetz der kapitalistischen Gesellschaft aufgedeckt. Es ist das Mehrwertgesetz, das Grundgesetz des Kapitalismus, das Ziel und Mittel der Produktion beinhaltet: Mehrwert zu erzeugen durch Beschäftigung von Lohnarbeitern. Wobei wir auf die entscheidende Ursache der Inflation gestoßen sind. Von der bürgerlichen Ökonomie im Rahmen der »Angebotsinflation« immerhin verschämt erwähnt, aber anschließend stets großzügig übergangen oder stark relativiert, so als wäre sie nicht der Rede wert: die »Gewinndruckinflation« (profit-push inflation). Umstritten sei, »ob und inwieweit diese denkbaren Fälle empirisch relevant sind und in welchem Ausmaß sie gegebenenfalls Inflation auslösen und verstärken können.«[49] Es spreche vieles dafür, heißt es, um die Schuldfrage scheinbar und ein für alle Mal zu klären, dass im Interesse der Mehrung des Profits »autonom durch Preispolitik ausgelöste Inflationsprozesse in engen Grenzen bleiben und nicht die Bedeutung der durch gewerkschaftliche Verteilungsansprüche ausgelösten und aufrechterhaltenen Preissteigerungsprozesse erlangen.«[50] Unternehmer besitzen zwar stets Preiserhöhungsspielräume, würde sie aber keineswegs immer ausschöpfen. Und wenn schon der Preis durch höhere Profite hochgesetzt wird, dann seien es erneut die »kompensatorischen Lohnforderungen«, die daraus folgten und den Lohn-Preis-Zirkel auslösten, der das volkswirtschaftliche Preisniveau in die Höhe treibe.

Bemerkenswert aber ist, dass die bürgerliche Ökonomik einen inflatorischen »profit-push« immerhin für »denkbar« hält. Nun ist die schlichte Tatsache wahrlich schwer zu ignorieren, dass kapitalistische Verkäufer die Preise festsetzen. Man sagt, sie

---

49 Dieter Cassel, Inflation, in: Vahlens Kompendium der Wirtschaftstheorie und Wirtschaftspolitik, Band 1, 3. Aufl., München 1988, S. 282.

50 Harald Scherf, Inflation, a. a. O., S. 177.

»administrierten« die Preise. Die Anbieter überlassen die Preisfindung nicht den Tücken, Zufälligkeiten und Schwankungen des Marktes, ihre Preise seien »administrierte« Preise, keine durch Angebot und Nachfrage bestimmten Marktpreise. Das sei ein vornehmlich technisches Problem, eine wissenschaftliche Methode der Preisbildung. Sie beruhe auf Plankostenkalkulationen und rationalem Verhalten der Unternehmer. Prozentuale Aufschläge auf die »Einheitskosten« – das sind standardisierte Durchschnitts- oder erwartete höhere Wiederbeschaffungskosten – dienten der langfristigen (weniger der kurzfristigen) Maximierung der Profite, der Verteidigung und Erhöhung der Marktanteile und des Umsatzes. Profite brauche man, um Investitionen zu finanzieren und risikoreiche Vorhaben abzusichern. Doch Profit-push Inflationen sind, so wird behauptet, wenig wahrscheinlich, könnten keine Dauererscheinung sein, da Unternehmer ja auf ihren guten Ruf, auf das Wohlwollen der Kunden und Geschäftspartner (»Goodwill«) bedacht sein müssen und bei aggressiver Preispolitik mit Nachfragerückgängen zu rechnen haben. Hinreichende Bedingung für einen profitbedingten Preisanstieg sei, dass »im gesamtwirtschaftlichen Durchschnitt gesehen der Aufschlagsatz ständig steigt.«[51] Auf oligopolistischen und monopolistischen Märkten ist dies keineswegs unrealistisch.

Die kapitalistischen Anbieter kalkulieren enorme Gewinnspannen, vereinfacht der Unterschied zwischen Preis und Kosten. Sie werden von der Statistik für den deutschen Einzelhandel im Durchschnitt mit über 30 Prozent angeben. Das ist die wahre, tief im Innern des Systems verankerte Ursache des Preisauftriebs: das anhaltende Streben nach höheren Profiten. Das Ziel kennt keine Grenzen. Je höher der Profit, umso besser. Er kann nie hoch genug sein. Angebotslücken und die Zunahme der Nachfrage, die Erhöhung der Löhne, die angebliche oder tatsächliche Erhöhung der Material- und andere Kosten dienen als

51 Dieter Cassel, Inflation, a. a. O., S. 281.

wenig glaubhafte Vorwände. Kapitalisten haben ein verständliches Interesse daran, ihre zum Teil exorbitanten Profitspannen zu verschweigen. Wir sind angewiesen auf Schätzungen. Ein Paar Adidas-Schuhe, verkauft im Laden für 100 Euro, wird in Billiglohnländern für weniger als 10 Euro hergestellt.[52] In der Tschechischen Republik kostet eine Flasche Bier 30 Kronen. Ihre Produktion kostet 0,65 Kronen. Der Rest sind »Transaktionskosten«, die für die Werbung und natürlich für Profite verrechnet werden.[53] Und so ist es überall. Wie viel mag die Herstellung eines Mittelklassewagens kosten? 2 000 oder 5 000 Euro? Verkauft wird er für 40 000 Euro. Die Differenz erfasst weitere Kosten, ist aber auch die Quelle der Profite in Milliardenhöhe. Und wenn die Kosten tatsächlich steigen, weil teurere Rohstoffe verarbeitet werden müssen, werden die Preise hochgesetzt. Eine alternative Verringerung des Profits ist tabu.

Die Preisdynamik resultiert daraus, dass Monopole und Oligopole ihre Dominanz in fast allen Branchen gefestigt haben. Es kann keinen Zweifel geben: Die exorbitanten Profitsteigerungen der Mineralölkonzerne während des Ukrainekrieges und infolge der massiven Rohölpreiserhöhungen beweisen die enorme Preissetzungsmacht der großen Unternehmen. Der internationale Preisauftrieb wurde ausgelöst durch die Ölgesellschaften und Gaslieferanten. Kunden und Verbraucher sind angewiesen auf die Versorgung, sie können sich der Preisexplosion nicht entziehen – die Theorie nennt das eine geringe Nachfrageelastizität – daher können Monopole und Oligopole die Preise ungehindert so hoch setzen, dass die gewünschten Profitsteigerungen eintreten. Die autonome Preissetzung der Monopole und Oligopole ist der wichtigste Inflationsgrund.

---

52 Warum kostet dieser Schuh 100 Euro?, 8.8.2019, handelsblatt.com, abgerufen am 28.1.2022.

53 Tomas Sedlacek / David Graeber, Revolution oder Evolution, München 2015, S. 43.

Hinzu kommen weitere Aspekte: Die Konzentration und Zentralisation des Kapitals erschließen den Produktivkräften neue Möglichkeiten, sich zu entwickeln, begünstigen aber zugleich den Fall der Profitrate, indem der Einsatz von Arbeit im Vergleich zum Sachkapital verringert wird. Monopole stemmen sich dagegen. Kraft ihrer Macht setzen sie hohe Preise und eignen sich so größere Teile des Volkseinkommens an. Entscheidend: Der Fall der Profitrate – des Verhältnisses des Profits zum Gesamtkapital – bewirkt bei hoher Monopolmacht Inflation. Mit steigenden Preisen sichern sich Monopole hohe Profite.

Monopole ziehen es vor, einen Teil ihrer Kapazitäten nicht auszulasten, statt wie einst nichtmonopolistische Unternehmen die überschüssigen Produkte preisgünstig zu verkaufen. Die Kosten der nicht ausgelasteten Kapazitäten und die der Entsorgung der überschüssigen Produkte werden den Kosten der Produkte zugeschlagen, die ohne diese Kapazitäten hergestellt werden. Auch deshalb steigen die Preise. Monopole untergraben dauerhaft den Angebot-Nachfrage-Preismechanismus. Sie begrenzen ihr Angebot, um die Preise hochzuhalten. Hohe Preise wiederum senken die Reallöhne und beeinträchtigen die Nachfrage nach Konsumgütern. Dadurch geht die Nachfrage nach Produktionsmitteln in Zweigen zurück, die Konsumgüter herstellen. Stagnierende oder sinkende Produktion, abflauende Investitionen, die Nichtauslastung der Produktionskapazitäten und eine hohe Arbeitslosigkeit sind die Folge. Der Zusammenfall von wirtschaftlicher Stagnation und Inflation, Erscheinungen, die sich im Kapitalismus der freien Konkurrenz weitgehend ausschlossen, wird mit dem Begriff »Stagflation« erfasst, der vermutlich erstmals am 5. September 1970 in *The Economist* auftauchte.

Der Verwertungsdrang des Monopolkapitals stößt immer wieder an die relative Enge des Marktes, doch ermöglicht ihre Macht den Monopolen, sich dem Preisdruck einer Überproduktion zu entziehen. Monopole wirken nicht mehr den Tendenzen des Überangebots und der relativen Marktsättigung bei wohlhabenderen Teilen der Bevölkerung entgegen, indem sie die Preise der Rivalen unterbieten, wie das typisch war für den Kapitalismus der freien Konkurrenz. Das würde die Profite dezimieren. An die Stelle der Preisunterbietung, des klassischen Instruments im Konkurrenzkampf, tritt die Produktkonkurrenz. Neue Produkte und permanente Änderungen der Erzeugnisse erzwingen hohe Aufwendungen für die Forschung, die Werbung und die »Bearbeitung« des Marktes. Das ist kostenintensiv und wirkt preissteigernd.

Was die bürgerliche Ökonomik betrifft: Die Nennung und Differenzierung einer Vielzahl von Inflationsarten und -ursachen – zeigen sie wissenschaftliche Akribie? Vielleicht. Vor allem kann man darin einen Trick sehen, die entscheidende Ursache im Gewimmel der scheinbar vielen untergehen zu lassen und empirisch als weitgehend unbedeutend hinzustellen. Verschleierung durch Vielfalt und vorgetäuschte Gründlichkeit. Es überwiege eindeutig die »Lohninflation« – Lohnsteigerungen die (angebliche) Ursache, die Gewerkschaften mit ihren Forderungen die Inflationsverursacher und -schuldigen. Die Konzentration auf die Löhne widerspiegelt den uneingestandenen Klassenauftrag bürgerlicher Ökonomik und wird damit zu begründen versucht, dass »Löhne und Gehälter nicht nur entscheidend die Höhe der monetären Gesamtnachfrage bestimmen, sondern auch der wichtigste Kostenbestandteil sind.«[54] Letzteres ist definitiv falsch.

Herbert Ehrenberg hatte zu Beginn der 1960er Jahre angemerkt, dass über die reale Bedeutung des Faktors Lohn für die Kalkulation der Kosten wenig bekannt ist. »Den Verlautbarungen mancher Industriezweige nach scheint ihre Kalkulation nur Lohnkosten zu kennen, da in schöner Regelmäßigkeit eine zehnprozentige Lohnerhöhung mit einer Preisanhebung um ebenfalls zehn Prozent beantwortet wird. Dabei muss selbst dem

54 Harald Scherf, Inflation, a. a. O., S. 171.

ökonomischen Laien einleuchten, dass in der industrialisierten Wirtschaft Kostenfaktoren auftreten, deren zahlenmäßige Bedeutung die des Lohnes um ein Vielfaches übersteigt, und dass mit steigendem Grad der Industrialisierung die Lohnkosten zugunsten des stärkeren Kapitalanteils zurückgehen müssen.«[55] Damals wie heute ist in der umfangreichen ökonomischen Literatur nur wenig konkretes Zahlenmaterial über die Aufgliederung der Kosten in den verschiedenen Industriezweigen zu finden. Noch weniger Material findet man über die Spanne zwischen Kosten- und Marktpreisen, die sich nach Ehrenberg »dank der wenig publizitätsfreudigen deutschen Wirtschaftsgesetzgebung und den zahlreichen Möglichkeiten der Gewinnmanipulation aus steuerlichen Gründen wohl überhaupt jeder exakten Feststellung (entziehe).«[56] Unwillkürlich erinnert man sich an die bettelarmen Familien der Schnitzer und Drechsler im Erzgebirge, die vor Jahrhunderten den Händlern riesigen Reichtum brachten. Für die Zeit vor dem Zweiten Weltkrieg hatte Mellerowicz nach Ehrenberg folgende Anteile der Lohnkosten an den betrieblichen Gesamtkosten ermittelt, die sich auf Untersuchungen des Statistischen Reichsamtes aus dem Jahre 1936 stützten: Eisenschaffende Industrie 21 Prozent, Lederindustrie 19 Prozent, Bekleidungsindustrie 19 Prozent, Textilindustrie 18 Prozent, Holzindustrie 16 Prozent, Nahrungs- und Genussmittelindustrie 10 Prozent.[57] Diese Angaben für wenige Zweige zeigen, dass in der sehr viel geringeren kapitalintensiven Industrie der 1930er Jahre der Lohnanteil weniger als ein Fünftel der betrieblichen Gesamtkosten betragen hatte. Und der Anteil der Löhne an den Gesamtkosten ist seitdem

---

55 Herbert Ehrenberg, Der Kostenfaktor Lohn in der hochindustrialisierten Wirtschaft, 1961, S. 468-471, PDF aus library.fes.de, abgerufen am 20.8.2022.

56 ebd.

57 ebd.

weiter zurückgegangen. Ehrenberg wies das am Beispiel des Jahres 1950 nach und schlussfolgerte: »Der Anteil des Faktors Arbeit an den Gesamtkosten ist sehr viel niedriger als in der Öffentlichkeit gewöhnlich angenommen wird. Mit zunehmendem Grad der Industrialisierung geht der relative Anteil der Arbeitskosten ständig zurück. Beide Gesichtspunkte führen zu der Konsequenz, dass eine Veränderung der Löhne und Gehälter von der Kostenseite her nur zu relativ geringen Beeinflussungen des Preisniveaus führen kann.«[58] Lohnkosten sind nur ein Teil der insgesamt anfallenden Kosten. Sie betragen in automatisierten Betrieben zwischen 10 und 15 Prozent. Durch Einsparungen bei Material, Abschreibungen und sonstigen betrieblichen Kosten könnten Lohnsteigerungen rechnerisch mühelos wettgemacht werden. Eine fünfprozentige Lohnsteigerung ließe sich durch eine Senkung der Materialkosten um ein Prozent abfangen. Man muss differenzieren: In Dienstleistungsbereichen ist die Kostenstruktur verbreitet anders. Der Anteil der Löhne an den Kosten ist im Gesundheitswesen, im Bildungssektor, in der Altenpflege, im Handel, in der Gastronomie und im handwerklichen Gewerbe – Bäcker, Fleischer, Friseure usw. – deutlich höher als in der hochtechnisierten und automatisierten Industrie. Auch in kleineren und mittleren Betrieben haben die Personalkosten ein höheres Gewicht als in den großen Unternehmen, die die neueste, produktivitätsstärkste Technologie nutzen.

Spekulativer Preisauftrieb an den Börsen

Beispiel Getreide: Deutschland ist in der EU nach Frankreich der zweitgrößte Getreideproduzent und kann sich mit dem Produkt selbst versorgen. Beim wichtigsten Getreide, dem Weichweizen, und der Gerste, dem bedeutendsten Futtergetreide, betragen die Selbstversorgungsgrade 125 und 113 Pro-

58 ebd, S. 471

zent, mit anderen Worten: Deutschland erzeugt mehr als es verbraucht, ist Nettoexporteur.[59] Trotz einem mehr als ausreichenden Angebot stieg der Weizenpreis von 220 Euro pro Tonne Anfang 2021 bis zum Frühjahr 2022 auf 420 Euro pro Tonne. Warum wohl? Mit einem zu knappen Angebot oder einer kräftig steigenden Nachfrage kann der Preissprung nichts zu tun haben. Normal, dass der Weizenpreis bis Januar 2023 wieder auf 300 Euro pro Tonne fiel.[60]

Die Preise der für die Volkswirtschaft so bedeutsamen Rohstoffe schwanken in mehrjähriger Abfolge. Sie sind Ergebnis der Spekulation. Rohstoffe werden an den Börsen nach Typen, standardisierten Produkten gehandelt. Die »echten«, physischen Rohstoffe werden auf regionalen Märkten gekauft und verkauft, deren Preise schwanken und sich nach den Börsenpreisen richten. Am bekanntesten sind die Börsen für Erdgas und Erdöl, Wolle und Baumwolle, Kaffee und Zucker, für Getreide und Fleisch (vor allem Schweinebäuche), für Strom, für Metalle. An der berühmten Londoner Metallbörse werden gehandelt Kupfer, Zinn, Nickel, Blei, Aluminium und weitere unedle Metalle. Die Rohstoffmärkte sind seit jeher eine der größten Spielwiesen für Finanzwetten. Der Terminhandel besitzt für saisonabhängige Produkte eine lange Tradition. Der Bauer kann die noch auf dem Halm stehende Ernte verkaufen, wenn er befürchtet, dass die Preise sinken werden. Er sichert sich so gegen die Gefahr des Verlustes ab. So kann es dazu kommen, dass Kontrakte über Rohstoffe an der Börse bis zu ihrer Fälligkeit mit stetiger Verteuerung bis zu 500 000-mal verkauft werden. Wer erwartet, dass die Preise in Zukunft höher sein werden – etwa Immobilienspekulanten –, kauft heute, um später mit Gewinn verkaufen zu können.

59 Hat Deutschland genug Getreide – um sich zu versorgen? – Die Fakten, agrarheute.com, 14.3.2022, abgerufen am 20.8.2022.

60 Für fortlaufende Zahlen vgl. das Webportal finanzen.net.

Da während des russischen Überfalls auf die Ukraine erwartet wurde, dass der Westen Sanktionen auf russische Nickelexporte erheben würde, kam es zu einem Short Squeeze – einer überproportionalen Kurssteigerung in kürzester Zeit, bei dem der Nickelpreis sich kurzfristig vervierfachte. In Erwartung steigender Nickelpreise kauften Händler massenweise das Metall. Russland stoppte Anfang September 2022 die Lieferung von Gas über die Pipeline Nord Stream 1. Sofort sprang der Preis des Terminkontrakts TTF für niederländisches Gas von 72,5 Euro auf 281 Euro je Megawattstunde.[61] Die spekulative Nachfrage steigt und treibt die Preise dorthin, wo die Spekulanten sie erwarten, nach oben. Sich selbst erfüllende Prophezeiungen nennt man den Vorgang. Die Weltmarktpreise für Getreide, Gas, Öl und andere Rohstoffe und Grundnahrungsmittel steigen mit fatalen Folgen für die Versorgung und die Erzeugung. Für zweistellige Renditeziele der Spekulanten hungern weltweit über eine Milliarde Menschen und zahlen Milliarden Menschen horrende Preise, die weder mit der effektiven Nachfrage noch mit Aufwendungen zu tun haben, die anfallen bei der Produktion der Güter. Höhere Benzin-, Rohstoff- und Energiepreise füllen die Kassen der Konzerne. Irgendwann geht's in die umgekehrte Richtung, wenn negative Signale zum Verkauf anregen, die Spekulanten den Glauben an weitere Kurssteigerungen verloren haben. Dann wollen alle verkaufen, aus einem Bullenmarkt wird ein Bärenmarkt. So sinken beispielsweise die Gaspreise an der Börse von Ende August bis Ende Oktober 2022 von 342 Euro je MWh[62] auf 35 Euro je MWh.[63]

61 Die Title Transfer Facility (TTF) ist ein virtueller Handelspunkt im niederländischen Gasnetz, über den der Erdgashandel für die Niederlande abgewickelt wird. (vgl. Wikipedia-Eintrag Title Transfer Facility, abgerufen am 8.9.2022.)

62 Eine Megawattstunde (MWh) entspricht 1 000 Kilowattstunden (kWh).

63 Gasterminmarkt & Gasspotmarkt im November 2022, first-energy.net, abgerufen am 2.12.2022.

Auch andere Rohstoffpreise gehen zurück. Ob, wann und in welchem Umfang sinkende Preise weitergegeben werden und beim Endkonsumenten ankommen, ist offen.

In Deutschland wird Strom zu 75 Prozent zwar außerhalb der Börse gehandelt – Over the Counter Handel (OTC) – aber die dort vereinbarten Preise orientieren sich am offiziellen Börsenstrompreis. Der letzte und teuerste Stromerzeuger, dessen Angebot zur Deckung der Nachfrage benötigt wird, also der »Grenzanbieter«, bestimmt diesen Preis (Merit-Order-System). Konzerne, die billigeren Strom herstellen, erzielen Extragewinne, weil sie zum höchsten Preis verkaufen. Derzeit kommt dieser letzte Strom vor allem aus gasbetriebenen Kraftwerken, obwohl in der EU nur 15 Prozent des Stroms aus Gas erzeugt werden. Und wenn der Gaspreis durch die Decke geht, steigt auch der Preis für Strom. Es bietet sich an, die Extragewinne abzuschöpfen und den Haushalten zurückzugeben oder von vornherein den Strompreis vom Gaspreis zu trennen. Der Strompreis an der Leipziger Strombörse EEX stieg von Januar 2021 bis August 2022 um 1 091 Prozent. Zeitweise kostete der Strom 700 Euro je Megawattstunde, Anfang 2021 lag der Preis noch deutlich unter 60 Euro, im März 2020 bei 23 Euro. Anfang Dezember 2022 liegt er bei 340 €/MWh.[64] Die Preisexplosion ist das Ergebnis der Spekulation, die zu tun hat mit mehreren Erscheinungen: Lieferunterbrechungen, geringere Gasmengen aus Russland – der Strom kommt auch aus Gaskraftwerken –, die anhaltende Dürre, wodurch die Wasserkraftwerke weniger liefern können. Der Ausfall französischer Atomkraftwerke wegen Wartungsarbeiten und fehlenden oder geeigneten Kühlwassers, weil die Flusspegel zu niedrig bzw. die Gewässer zu warm sind. Spekulanten rechnen daher mit einer Verknappung des Angebots und daraus folgenden Preiserhö-

64 Leipziger Strombörse (Spotmarkt D), bricklebrit.com, abgerufen am 2.12.2022.

hungen. Sie orientieren sich an fundamentalen Daten. Stromkunden werden weiter Jahr für Jahr für die exorbitant hohen Profite der Gas-, Öl- und Stromkonzerne zahlen müssen. Wie willkürlich und schwer nachvollziehbar Strompreise festgelegt werden, zeigt die Tatsache, dass regionale Energieversorger den Strom zu sehr unterschiedlichen Preisen anbieten. Allein in Südwestsachsen reichen die Arbeitspreise von 42,30 bis zu 62,82 Cent je Kilowattstunde (kWh) – eine Differenz von 20,51 Cent zwischen dem günstigsten und den teuersten Anbieter. Über ihre Beschaffungspolitik, Einkaufskonditionen und Gewinnmargen lassen die Stromversorger nichts verlauten.[65]

Eine extreme Version des bösen Spiels schildert der US-Amerikaner Frank Norris (1870-1902) in seinem Buch »Die Getreidebörse«. Es ist die Tragödie des Mannes Curtis Jadwin, der danach trachtete, die gesamte Weizenernte Nordamerikas in seine Hände zu bekommen, um danach den Preis diktieren zu können. »Nun, ich habe in letzter Zeit nichts besonders Aufregendes gemacht außer Weizen kaufen.« »Und wozu?« »Um ihn wieder zu verkaufen. Ich bin einer von denen, musst Du wissen, die glauben, dass der Weizen steigen wird. Ich nehme an, dass ich der allererste war, der das schon damals im April erkannt hat. Und im August dieses Jahres, während wir oben am See waren, habe ich dann drei Millionen Bushel gekauft.« »Drei – Millionen – Bushel!«, murmelt sie. »Du meine Güte, was machst du denn damit? Wo tust du denn so viel Weizen hin?« Er versuchte ihr zu erklären, dass er das Recht gekauft habe, das Getreide an einem bestimmten Tag fordern zu können, doch sie vermochte es nicht restlos zu begreifen. Die Riesenspekulation schien zu glücken: »… wo sollen denn alle diese Burschen, die ohne Deckung verkauft haben, den Weizen

65 Große Unterschiede beim Strompreis, Freie Presse, Chemnitz, 3.12.2022, S. 1.

hernehmen, um mich zu beliefern! ... Na, los, sagen Sie mir, wo sollen sie ihn hernehmen? ... Und dann sprangen die beiden Männer gleichzeitig auf. Das Ereignis, das sich während dieser ganzen letzten elf Monate angebahnt hatte, war plötzlich eingetreten, bot sich plötzlich in seiner vollen Gestalt dem Blick dar, als sei ein Schleier zerrissen, als sei eine Explosion von ohrenbetäubender Lautstärke und blendender Helligkeit durch die Luft auf sie herabgefahren. Jadwin sprang vor und packte den Makler bei der Schulter. ›Sam‹, schrie er, ›wissen Sie – großer Gott! – wissen Sie, was das bedeutet? Sam, wir können den Markt cornern!‹«[66] Der Mann, dessen Geist sich unablässig mit Weizen beschäftigte, irrte. Die Riesenspekulation schlug fehl. Die Ernte fiel wider Erwarten rekordhaft gut aus. Noch größere Käufe wären nötig gewesen, um den Kurs zu stützen. Die Kraft der Corner-Spekulanten war weg. Kredite wurden aufgenommen und verschlimmerten die Lage noch. Das Schicksal nahm seinen unheilvollen Lauf. Die Weizenflut wurde dem Börsenstrategen Jadwin zum Verhängnis. Wildes Triumphgeschrei seiner Gegner, nachdem der große Coup gescheitert war: Jadwin bankrott! Halali!

Auch nach dem Ersten Weltkrieg versuchten die Spekulanten Corner, die gewagtesten aller Börsenspiele, am häufigsten an den Getreidemärkten. Lewinsohn und Pick berichten von einem der berüchtigsten Getreidecorner, der im Januar 1925 vor sich ging. Arthur Cutten, Julius Barnes, die Gebrüder Armour und der kanadische Weizenpool hatten durch geschickte Manipulationen den Weizenpreis nach oben getrieben und waren dann rechtzeitig mit Millionengewinnen ausgestiegen.[67]

---

66 Frank Norris, Die Getreidebörse, Weimar 1972, S. 251, 288, 424f.

67 Richard Lewinsohn / Franz Pick, Sinn und Unsinn der Börse, Berlin 1933, S. 158.

Erwartungen

Ein geldpolitisches Bonmot lautet: »Inflation entsteht, wenn die Menschen anfangen über Inflation zu reden.«[68] Und sie fangen an, über Inflation zu reden, wenn sie sie erwarten. Der ehemalige Chef des ifo Instituts für Wirtschaftsforschung Hans-Werner Sinn sagt, die Preissteigerungen würden sich fortsetzen, weil die Konsumenten mit ihr rechneten und aus diesem Grund Anschaffungen vorziehen würden. Der Nachfrageschub drücke die Preise in die Höhe.[69] Daraus resultiert die putzige Idee, Inflation ließe sich vermeiden, wenn es gelänge, die Bevölkerung davon zu überzeugen, dass die Zentralbank eine Inflation verhindern wird. Man solle das Feuer einer Inflation sofort austreten, d. h. den Leuten die Gewissheit ausreden, dass der Preisanstieg anhalten wird. Auch wenn Erwartungen sich eher aus realwirtschaftlichen Gegebenheiten ableiten als umgekehrt diese aus jenen, können Erwartungen über künftige Preise die Entwicklung der tatsächlichen Preise beeinflussen, wie am Beispiel der Börsenspekulation gerade gezeigt wurde. Die neuere Standardtheorie behauptet sogar, dass das Inflationsgeschehen *vor allem* durch Erwartungen geprägt werde.[70] Die Inflation, einmal in Gang gekommen, verstärke sich von selbst. Konsumenten würden verstärkt kaufen, weil sie glauben, dass sie die Ware nie wieder so preiswert erhalten wie heute. Lieber heute noch beginnen, ein Haus zu bauen als später. Unternehmer horten Vorprodukte, um der Inflation zu entgehen und schüren sie wie die Haushalte gerade durch Hamsterkäufe. Die Annahme, dass eine vorgezogene Nachfrage einen Preisauftrieb zumindest begünstigt, ist vorstellbar. Daraus resultiert die verbreitete Auf-

---

68 WISU – Das Wirtschaftsstudium 12/2021, S. 1244.

69 ebd.

70 Mechthild Schrooten, Inflation und Inflationsangst, in: Geldpolitik. Aus Politik und Zeitgeschichte – APuZ 18-19/2022 (Bundeszentrale für Politische Bildung), S. 27.

fassung, eine geringe Inflation – etwa zwei Prozent – könne die Nachfrage und das wirtschaftliche Wachstum beleben.

Unternehmen kalkulieren erwartete Kostensteigerungen in die aktuellen Kosten. Die Annahme dagegen, dass Gewerkschaften die erwartete Inflation in aktuellen Lohnforderungen selbst gegen den Widerstand der »Arbeitgeberverbände« mühelos durchsetzen würden, ist jedoch eine heroische Vereinfachung. Dass es den Arbeitern gelingt, die erwartete Inflationsrate durch einen entsprechenden Aufschlag auf die von ihnen geforderten Nominallöhne zu kompensieren, ist zwar möglich, aber eher unwahrscheinlich. Man muss generell unterscheiden zwischen der Erwartung, die zu niedrig oder zu hoch ausfallen kann, und der Möglichkeit, sie in eigene Politik oder Forderungen umzusetzen. Etwas zu erwarten und das Erwartete durch Verhalten vorwegzunehmen (zu antizipieren), sind zwei verschiedene Paar Schuhe. Unternehmer kalkulieren Preise auf Basis erwarteter Kostensteigerungen, weil jegliche Kontrolle fehlt und sie bei ihrer Preisfindung auf keinen Widerstand stoßen, sieht man von denkbaren negativen Nachfragewirkungen ab.

Preiskumpanei

Die oligopolistische und monopolistische Struktur der Volkswirtschaft ist der Grund dafür, dass das Preisniveau anhaltend hoch bleibt und langfristig steigt. Dauerhafte Preisniveaurückgänge gibt es nicht und sie sind auch nicht erwünscht. Firmen bilden erlaubte und verbotene Kartelle, indem sie Aufträge untereinander verteilen und die Preise für ihre Leistungen abstimmen, statt sich mittels Preisunterbietungen zu bekämpfen. An die Stelle eines ruinösen Preiswettbewerbs tritt der garantierte monopolistische Extragewinn. Illegale Kartelle fliegen beinahe regelmäßig auf.[71]

71 Ein unvollständiger Überblick über Kartelle in Deutschland von 1991 bis 2017 findet sich in Klaus Müller, Mikroökonomie. Eine praxisnahe, kritische und theoriengeschichtlich fundierte Einführung, 8. Aufl., Chemnitz 2020, S. 388-392.

Oft sind Wiederholungstäter dabei. Irgendeins der kartellierten Unternehmen verliert irgendwann den Mut vor der eigenen Courage und verrät die Kumpanei. Es kann von der »Kronzeugen«-Regelung profitieren, sich durch Verrat den Bußgeldern entziehen, die meist in dreistelliger Millionenhöhe den Kartellsündern auferlegt werden. Das Spiel beruht auf einer nüchternen ökonomischen Rechnung. Es geht auf, solange die jahrelang durch Preisabsprache angeeigneten fetten Zusatzprofite größer sind als die Strafen. Am genialsten verhält sich, wer die Kumpane verzinkt, den Geheimbund bei den Kartellbehörden denunziert. Er macht über die Jahre hinweg gewaltige Extraprofite und entgeht der Strafe. Solange kein Beteiligter ausplaudert, hat es das Kartellamt schwer, auf die unerlaubten Schliche der Konzerne zu kommen. Beispiel Mineralölunternehmen: Wenn bundesweit die Benzinpreise im Gleichschritt ansteigen, sei ein Kartell zwar fühlbar und zu vermuten, also jeder weiß, dass gemeinsame schmutzige Sache gemacht wird, aber den Detektiven im Amt fehle der schlüssige Beweis. Und der muss vorliegen, soll etwas gegen das unlautere Verhalten unternommen werden. Im Interesse der Verbraucher wären Preiskontrollen und Preisdeckel wünschenswert, angesichts milliardenschwerer Zusatzprofite der Mineralölkonzerne auch möglich und gerecht, aber dafür wäre der gewaltige Widerstand der Profiteure zu überwinden. Und die herrschende Wirtschaftslehre leistet Schützenhilfe: Die Preispolizei habe auf dem Benzinmarkt nichts zu suchen. Der Markt richtet's schon. Fragt sich bloß, wie und in wessen Interesse.

Die Messung von Inflation

Das Statistische Bundesamt ermittelt monatlich, wie die Preise der Güter eines Warenkorbs sich um Vergleich zum gleichen Monat des Vorjahres geändert haben. Das ist die offiziell ausgewiesene Inflationsrate. Der Warenkorb enthält in Deutschland 650 typische und repräsentative Güter und Dienstleistungen, die unterschiedlich gewichtet werden, darunter z. B. »Mieten und Energiepreise« zu 32,5 Prozent, »Verkehr und Transport« zu 12,9 Prozent, »Lebensmittel« zu 9,7 Prozent.

Die Inflationsmessung müsste anknüpfen am Verständnis der Inflation als Verkleinerung des Preismaßstabes, zu der es auch kommt, wenn Steigerungen der Produktivität, die das Warenvolumen vergrößern, ohne den Preis der einzelnen Waren zu beeinflussen, eine Erhöhung der Geldzeichenmenge erzwingen. Wenn der Anstieg der Produktivität, wie seit langem üblich, nicht mehr in Preisrückgängen mündet, steigt die Rate der Inflation im Maße des Anstiegs der Arbeitsproduktivität. Kerstin Raths hat erstmals eine Formel zur Ermittlung der Inflation entwickelt, die Produktivitätsänderungen berücksichtigt.[72]

Die »gefühlte« Inflation

Die Statistik ermittelt die Höhe der Inflation, indem sie misst, wie sich Preise für repräsentative Güter und Leistungen der Le-

---

72 Kerstin Raths, Reproduktionstheoretische und -praktische Aspekte der Inflation, Dissertation A, Technische Universität Karl-Marx-Stadt, 1988, S. 104-122; vgl. auch Klaus Müller, Das Geld. Von den Anfängen bis heute, Freiburg 2015, S. 412.

benshaltung geändert haben. Die Konsumenten nehmen die Höhe der Inflation wahr auf der Grundlage ihres individuellen Warenkorbs. Ein Grund für die Abweichungen der »gefühlten Inflation« zur gemessenen Inflation ist der Unterschied zwischen individuellem und dem durchschnittlichen Warenkorb. Der Letztere dient der Statistik dazu, die Inflationsrate zu berechnen. Die Produkte des täglichen Bedarfs wie Lebensmittel und langlebige Konsumgüter wie Fernseher, Autos, Textilien, Computer, Waschmaschinen sind in den individuellen Warenkörben der Konsumenten in anderer Zusammensetzung enthalten als im durchschnittlichen. Ärmere Haushalte geben einen höheren Anteil ihres Einkommens für Nahrungsmittel, Mieten und Heizung aus als die Reichen. Diese Ausgaben beanspruchen deutlich mehr ihres Konsumbudgets als die im statistischen Durchschnittswarenkorb veranschlagten 42 Prozent. Die Kunden nehmen Preisänderungen für Waren, die sie täglich kaufen, intensiver wahr als diejenigen für langlebige Konsumgüter, die sie nur in größeren Abständen erwerben. Die »gefühlte« Inflation ist höher als die gemessene, wenn die Preise für Waren des täglichen Bedarfs stärker steigen als die der langlebigen Konsumgüter.

Der Unterschied zwischen »gefühlter« und gemessener Inflation verwirrt viele Menschen. Sie fragen sich, ob die offiziellen Preissteigerungsraten richtig sind. Im Juli 2022 betrug der Grad der statistisch ausgewiesenen Preissteigerung gegenüber dem Vorjahresmonat »nur« 7,5 Prozent, im November 10 Prozent (siehe Tabelle 2, S. 9). Die Konsumenten merken, dass im Gegensatz dazu die Preise für zahlreiche Güter teilweise sehr viel stärker steigen. Selbst die offizielle Statistik teilt mit, dass im gleichen Zeitraum Gas, Strom und andere Brennstoffe um 43 Prozent, Heizöl und Kraftstoffe um 37 Prozent, Nahrungsmittel und alkoholfreie Getränke um 14 Prozent teurer geworden sind.[73]

73 Statista, Preissteigerung für ausgewählte Waren und Dienstleistungen, abgerufen am 12.8.2022.

Viele bezweifeln, dass das bekannt gegebene Ausmaß der Inflation korrekt sein kann. Unmittelbar nach der Einführung des Euro im Jahre 2002 mussten sie feststellen, dass bei etlichen Gütern und Leistungen, z. B. Eintrittskarten für kulturelle Veranstaltungen, Obst und Gemüse, Kraftfahrzeugen, Schuhen, Wohnhäusern und vielen anderen, nur der Name der Währung gewechselt wurde, die Zahl aber stehenblieb. Längst hat man sich daran gewöhnt, dass ein Auto der Mittelklasse, das einst 30 000 DM kostete, heute unter 40 000 Euro nicht zu haben ist. 1990 kosteten 3 000 Liter Heizöl 509 Euro, Verbraucher mussten im Jahre 2022 für die gleiche Menge 4 200 Euro bezahlen, der Preis hatte sich verachtfacht. Trotzdem behaupten Politiker und »Geldexperten«, dass die Inflation geringer sei als die »wahrgenommenen« oder die »gefühlten« Preissteigerungen.

Beide Betrachtungsweisen schließen sich scheinbar aus. Und doch sind beide richtig. Die Statistik ermittelt die durchschnittliche Preisentwicklung, den Käufern dagegen werden Einzelpreise bewusst. Das Problem kann schon an einem »Warenkorb« mit zwei Gütern erklärt werden: Kostete ein Kilogramm Beeren im Vorjahr 2 Euro, jetzt 4 Euro, hat sich sein Preis um 100 Prozent erhöht. Der Preis eines Mopeds, das einst 1 500 Euro und nun 1 575 Euro kostet, hat sich um 5 Prozent erhöht. Für beide Waren zusammen musste man vorher 1 502 Euro, nach den Preisänderungen 1 579 Euro zahlen. Der »durchschnittliche« Preis stieg um 5,1 Prozent. Die Inflationsrate als die volkswirtschaftliche Durchschnittsrate eines Warenkorbs steigt nur verhalten, obgleich in ihre Bestimmung Waren eingehen, deren Preise sich mehr als verdoppeln können. Die Crux der Makrowerte ist das Durchschnittsproblem: Die Kuh ist ersoffen, obwohl das Wasser durchschnittlich nur 60 cm tief ist. Wo das Unglück geschah, betrug die Flusstiefe drei Meter! Den Kunden werden über hohe Preise Einkommen entzogen, obgleich die durchschnittliche Preissteigerungsrate nur gering ist. Die Inflationsrate kann sogar sinken, obgleich in ihre Bestimmung Waren eingehen, die teurer geworden sind. Das hat jeder Durchschnitt so an sich. Je nach individuellem Warenkorb trifft die Verbraucher die Inflation unterschiedlich stark. Das ist ein Grund für die Kluft zwischen Erfahrung und offizieller Zahl. Jemand, der im angegebenen Zeitraum Waren kauft, deren Preise stark gestiegen sind (also im Beispiel kein Moped, sondern Beerenobst), wird zwangsläufig die Inflation stärker »fühlen« als Konsumenten, deren individuelle Einkäufe weitgehend dem im offiziellen Warenkorb unterstellten durchschnittlichen Einkauf entsprechen.

»Stabilisierende Kreativität« und hedonische Preisermittlungen

Kann das stimmen: Energiepreise über einen längeren Zeitraum vervierfacht, Lebensmittelpreise verdreifacht und verdoppelt, die Inflation aber »nur« bei zwanzig Prozent? Ist die Inflation, so muss man fragen, tatsächlich so »niedrig«, wie die offizielle Statistik verkündet? Zweifel sind begründet. Wenn, wie im Kapitalismus, gelogen, betrogen, geheuchelt und manipuliert wird, sollte man misstrauisch sein. Die Politik und Unternehmer haben ein elementares Interesse daran, die Verbraucherpreise niedrig auszuweisen. Ihr Anstieg ist für die Gewerkschaften ein Grund, höhere Löhne zu fordern. Könnten sie überzeugt werden, dass die Inflation nahe null liegt, entfiele ein Argument für höhere Löhne und höhere Sozialleistungen. Es scheint, als bediene die Statistik dieses Interesse. Preise steigen unaufhörlich. Autos, Schuhe, Blumen, Benzin, Heizöl, viele Nahrungsmittel und Karten für das Konzert in der Stadthalle kosten in Euro heute mehr als einst in D-Mark. Von wegen ein bis zwei Prozent! »Wirtschaftsfachleute« nennen das herablassend die »gefühlte« Inflation – wie bereits erwähnt ein irreführender Begriff. Mit ihm soll der Eindruck erweckt werden, dass die »Fühlenden« sich täuschen. Aber schließlich fühlt man nicht, dass im

Portemonnaie oder auf dem Konto 100 Euro fehlen, sondern stellt es fest. Was man nicht fühlen kann, ist der Durchschnitt einer Gesamtheit von Warenpreisen. Ihn muss man berechnen.

Wie wird die Inflationsrate ermittelt? Die Statistik lässt sich die Preise von Unternehmen mitteilen. Für die Berechnung des Verbraucherpreisindex werden monatlich über 300 000 Einzelpreise in Handels- und Dienstleistungsunternehmen erfragt. Die Preiserhebung erfolgt dezentral in den Geschäften und zentral im Internet. In welchen Läden die Preise für welche Käsesorten erfragt und ob die Preise für Brot im Supermarkt oder beim Biobäcker erkundet werden, ist nicht bekannt. Der Durchschnittspreis steigt schwach, wenn technische Güter einbezogen werden, deren Preise geringer steigen als die der Güter, die man häufiger kauft. Noch schwächer, wenn Sonderposten und Lockvogelangebote berücksichtigt würden, die nur kurze Zeit gelten. Es ist anzunehmen, dass Unternehmer den Statistikern hohe Preissteigerungen verschweigen. Wer will schon als Preistreiber gelten? Statistiker üben sich darüber hinaus in »stabilisierender Kreativität«, halten den Anteil der Waren und Dienstleistungen mit großen Preissprüngen klein, den mit stabil niedrigen Preisen hoch. Folker Hellmeyer von der Bremer Landesbank zeigt, wie beispielsweise in den USA Inflationsraten verkleinert werden. Wenn sich Rindfleisch um 30 Prozent verteuere, Pute aber nur um zwei Prozent, werde im Warenkorb Rindfleisch durch Pute ersetzt, obwohl die Leute weiter Rind kaufen.[74]

Dann gibt es verbreitet die verdeckten Preissteigerungen, die oft und auf Anhieb nicht erkannt werden. Schummelei in großem Maßstab. Der Preis bleibt gleich, der Inhalt der Packung wird heimlich verringert. Ein Beispiel für unzählige derartiger Machenschaften: Die Margarine Rama, von der Verbraucherzentrale Hamburg mit dem Titel »Mogelpackung« des Monats

74 Folker Hellmeyer, Endlich Klartext. Ein Blick hinter die Kulissen unseres Finanzsystems, 5. Aufl., München 2012, S. 156.

August 2022 versehen.[75] Bei einem Preis von 2,19 Euro für die Packung (2022), füllt Hersteller Upfield statt wie bisher 500 Gramm nur noch 400 Gramm in den Becher – eine versteckte Preiserhöhung von 25 Prozent! Armin Valet von der Verbraucherzentrale Hamburg sagt, der frühere Hersteller Unilever habe schon bei den Zutaten getrickst. Wertvolles Rapsöl wurde durch nahezu kostenloses Wasser ersetzt. 2008 kostete der 500-Gramm-Rama-Becher meist 1,09 Euro und enthielt noch 80 Prozent Fett, der doppelt so teure 400-Gramm-Becher des Jahres 2022 nur noch 60 Prozent Fett. »Bezieht man die Teuerung bei Rama auf den tatsächlichen Fettgehalt im Produkt, sind das sogar 235 Prozent innerhalb 14 Jahren«, sagt Valet. »Oder anders ausgedrückt: Rama ist Jahr für Jahr neun Prozent teurer geworden – 14 Jahre hintereinander.«[76] Das ist bei weitem kein Ausnahmefall. Profitsteigernde Maßnahmen dieser Art gehören zum kapitalistischen Geschäft. Der Fragwürdigkeiten nicht genug? Die Firma Upfield lobt sich auf ihrer Internetseite, ihre Vision sei es, die Nachhaltigkeit auf unseren Planeten voranzutreiben.[77] Wie am Beispiel des Produkts Rama. Durch die Verringerung der Füllmenge werden mehr Becher gebraucht. Valet: »1000 Tonnen Rama müssen nun in einer halben Million mehr Plastikdosen abgefüllt« werden.[78] Verantwortungsvolle Nutzung von Ressourcen?

Der Clou bei der Inflationsmessung ist die sog. hedonische Preisbereinigung: Ein angenommener Zuwachs an Qualität fließt in die Berechnung des Preises ein. Ein PC, der heute wie einst 1 000 Euro kostet, aber doppelt so leistungsfähig wie das Vorgängermodell sein soll, wird nur mit 500 Euro berück-

---

75 Katrin Saft, Rama wird Mogelpackung des Monats, Freie Presse, Chemnitz, 12. August 2022, S. A6.

76 ebd.

77 vgl. upfield.com, abgerufen am 12.9.2022.

78 Katrin Saft, a. a. O.

sichtigt. Schließlich bekomme die Käuferin für denselben Preis etwas doppelt so Gutes. Seit der Einführung des Euro im Jahr 2002 ist diese Methode der Inflationsmessung auch in Deutschland üblich. Sie bewirkt, dass die Inflation zu niedrig ausgewiesen wird. Der Zweck der geschönten Zahlen: Je niedriger angeblich die Inflation, umso leichter ist es, angemessene Lohnforderungen als überzogen zu bezeichnen und die Anpassungen der Renten im Zaum zu halten. Auch heute ist üblich, worüber Simone Boehringer in der *Süddeutschen Zeitung* bereits vor Jahren berichtete: Die USA wiesen 2010 die Inflation offiziell mit 4 Prozent aus. Der US-Ökonom John Williams rechnete nach und kam auf 12 Prozent.[79] Monopole und Oligopole, die weltweit die Märkte beherrschen, werden auch weiterhin Preise absprechen und erhöhen, allen Verboten und Strafen für eine derartige Komplizenschaft zum Trotz. Sie vernichten eher Überschüsse, als dass sie die Preise nachhaltig senken. Mit einer Deflation ist selbst in einer Krise, wie wir sie seit 2020 erleben, nicht zu rechnen. Politik und Medien verharmlosen oder übertreiben Gefahren, verhindern Aufklärung und schönen Wirtschaftsdaten, denn das stabilisiert die Lage, oder auch das System. Abschließend ein Tipp: Statt der Statistik blind zu vertrauen, sollte man sich vielleicht doch lieber auf sein »Gefühl« verlassen. Wer es genauer wissen will, sollte Haushaltsbuch führen und sich seine »persönliche Inflationsrate« berechnen.

79 Simone Boehringer, Die USA schönen ihre Daten, Süddeutsche Zeitung, 17.5.2010.

Soziale Wirkungen von Inflation

Komplexe Umverteilung

Die Inflation ist kein monetäres Phänomen allein. Die rein geldtechnische Komponente der Inflation verbindet sich mit dem sozialökonomischen Effekt der Umverteilung von Einkommen und Vermögen. Bürgerliche Ökonomen listen gewissenhaft alle denkbaren Umverteilungseffekte auf, die nicht nur dadurch entstehen, dass das Preisniveau steigt, sondern auch, weil Einkommensempfänger vom Anstieg unterschiedlich stark betroffen sind und vor allem, weil die Inflation verbunden ist mit einer unterschiedlichen Änderung der einzelnen Preise. Man sagt, die relativen Preise – die Preisstrukturen – ändern sich. Die Einkommensbezieher verlieren, deren Einkommen weniger stark steigen als die Preise, die sie zahlen müssen. Die Einkommensbezieher gewinnen, deren Einkommen stärker steigen als die Preise, die sie zahlen müssen. Von der Inflation profitieren jene, die verkaufen und Preise setzen, es verlieren die, die Preise zahlen und keine Möglichkeit haben, sie auf andere abzuwälzen. Die Inflation verteilt Einkommen und Vermögen um zwischen Besitzern von Finanz- und Sachvermögen, Besitzern von Spareinlagen und Wertpapieren, Grundbesitzern, Hauseigentümern Aktionären und Antiquitätenbesitzern, Gläubigern und Schuldnern, Beziehern von Löhnen, Gehältern, Profiten, Dividenden, Zinsen, Mieten und sozialen Leistungen, Unternehmern der volkswirtschaftlichen Zweige (Landwirtschaft, Industrie, Dienstleistungen), Haushalten und Unternehmen, Privaten und dem Staat, monopolistischen bzw.

oligopolistischen und nichtmonopolistischen Unternehmen, Inland und Ausland.[80]

Zwar stimmt es, dass es auf jeder dieser Verteilungsebenen Gewinner und Verlierer gibt. Wird aber daraus gefolgert, dass es schwer zu sagen sei, wer per Saldo durch die Inflation gewinnt oder verliert, da »die Haushalte, Unternehmen, Institutionen und öffentliche Hände über mehrere Vermögensarten verfügen und folglich ihr Einkommen aus verschiedenen Quellen beziehen, gleichzeitig in verschiedenen Sektoren agieren und Gläubiger und Schuldner zugleich sind«,[81] wird die soziale Brisanz der inflationären Umverteilung verharmlost. Denn es besteht kein Zweifel, dass die Inflation den Lohnabhängigen, Rentnern, Arbeitslosen und Sozialhilfeempfängern Einkommen entzieht und preissetzende Unternehmen sowie der Staat von Preissteigerungen profitieren. Der Staat gehört zu den Inflationsgewinnern. Größter Profiteur der deutschen Hyperinflation war der Staat. Seine Kriegsschulden in Höhe von 154 Milliarden Goldmark beliefen sich rein rechnerisch, als 1923 die Rentenmark eingeführt wurde, auf 15,4 Pfennige,[82] ein lächerlicher Betrag, mit dem Deutschland seine Schulden gegenüber seinen Gläubigern natürlich nicht loswurde. 1 Rentenmark erhielt man im Austausch gegen 1 Billion Papiermark. Wegen der steigenden Preise klingeln im Inflationsfall beim Finanzminister die Kassen. Er kann sich über mehr Einnahmen bei der Mehrwertsteuer und der Einkommensteuer freuen. Das *Handelsblatt* berichtete, dass der Staat in den kommenden Jahren mit deutlich höheren Steuereinnahmen rechnen kann. Bund, Länder und Gemeinden werden bis einschließlich 2026 insgesamt 126,4 Milliarden Euro mehr einnehmen als bislang geplant.[83]

---

80 Dieter Cassel, Inflation, a. a. O., S. 310.

81 ebd.

82 Gregor Delvaux de Fenffe, Die Hyperinflation von 1923, a. a. O.

83 126,4 Milliarden Euro Mehreinnahmen – Staat ist der große Inflations-Profiteur, handelsblatt.com, 27.10.2022, abgerufen am 2.12.2022.

Die Verteilungswirkungen zeigen, dass die Inflation kein Problem der Notenpresse allein ist. Sie ist ein soziales Phänomen. Würden alle Preise und Einkommen gleichzeitig und gleich stark steigen, gäbe es keine Umverteilung. Es würde sich zwar auch um eine Preismaßstabsänderung handeln, erfüllt wäre mit ihr nur das geldtechnische Merkmal der Inflation. Die Preismaßstabsverringerung bewirkt keine Umverteilung der Einkommen. Die Umverteilung ist vielmehr aus der Art und Weise zu erklären, wie die Verkleinerung des Preismaßstabs zustande kommt. Die Preise steigen weder zur gleichen Zeit noch im gleichen Maße. Das allgemeine Preisniveau hebt sich, indem sich die Preisrelationen unentwegt ändern. Entscheidend für die konkreten Verteilungswirkungen sind Macht und Zeitvorsprung, die Monopole und Oligopole bei ihrer Preisfindung gegenüber nichtmonopolistischen Produzenten und Einkommensbeziehern besitzen.

Reallohnverluste

Ein Arbeiter erhält monatlich den Nettolohn. Er kauft damit Konsumgüter und spart. Durch anhaltende Preisniveausteigerungen werden die Sparguthaben entwertet. Die Funktion des Geldes als Wertaufbewahrungsmittel wird eingeschränkt. Die Inflation wird oft begleitet von einer Flucht in Sachwerte, zuweilen wird verstärkt Produkt gegen Produkt getauscht. Teilen des Mittelstands droht Verarmung, weil auch Versicherungsverträge an Wert verlieren. Der reale Wert der Geldvermögen schrumpft. Die Nettolöhne sagen nicht viel aus über die Entwicklung des Lebensstandards. Was die Leute sich für ihren Lohn kaufen können, hängt von den Preisen ab. Die Preise steigen, die Kaufkraft des Geldes sinkt. Obst und Gemüse, Brot und Kuchen, Fisch und Fleisch, Strom, Wasser und Benzin, Schuhe und Krawatten, Mieten, Haareschneiden, Reparaturen, Küchengeräte, Urlaubsreisen, Fahrräder und Autos – alles wird teurer, selbst die Eintrittskarten für Konzerte, Kino und Theater. Während der Nominallohn die Geldsumme ist, die dem Beschäftigten entweder angerechnet wird (Bruttonominallohn) oder auf dessen Konto übertragen wird (Nettonominallohn), gibt der Reallohn die Gütermenge an, die man damit kaufen kann. Der Nominallohn ist ein Geldbetrag, der Reallohn eine Gütermenge. Die Höhe des Reallohns ermittelt man, indem man den Nominallohn durch das Preisniveau dividiert (siehe Tabelle 5).

Tabelle 5: Zusammenhang zwischen Nominallohn und Reallohn

	I	II	III	IV	IV
Nominallohn in €	1 000	2 000	2 000	2 000	2 000
Preisniveau	1	1	2	4	0,5
Reallohn in ME	1 000	2 000	1 000	500	4 000

Erläuterung: *Variante I* (Ausgangslage): Bei einem Nominallohn in Höhe von 1 000 Euro und einem Preisniveau (= Preisdurchschnitt) von 1 Euro je Mengeneinheit (ME) kann sich der Arbeiter 1 000 Mengeneinheiten (ME) kaufen. 1 000 ME sind sein Reallohn; *Variante II*: Der Nominallohn verdoppelt sich. Bei konstantem Preisniveau verdoppelt sich auch der Reallohn. Der Arbeiter kann sich jetzt 2 000 statt 1 000 Mengeneinheiten kaufen; *Variante III*: Da sich Nominallohn und Preisniveau jeweils verdoppeln, ändert sich der Reallohn nicht; *Variante IV*: Die Preise steigen stärker als der Nominallohn, so dass der Reallohn sinkt; *Variante V*: Der Reallohn vervierfacht sich gegenüber der Ausgangslage, weil bei steigendem Nominallohn gleichzeitig das Preisniveau sinkt.

Wer bei der Beurteilung der Lohnentwicklung die Preisänderungen ignoriert, unterliegt einer Illusion. Steigen die Preise und die Nominallöhne gleich stark, ändert sich der Reallohn nicht (Variante III der Tabelle 5); steigen die Preise stärker als der Nettolohn, sinkt der Reallohn (Variante IV). Den Rückgang der Reallöhne merken die Menschen oft nicht, da sie sich vorrangig an nominalen Größen orientieren. Die Leute täuschen sich, wenn sie glauben, reicher geworden zu sein. Obgleich sie einen höheren Nominallohn beziehen, können sie sich nicht mehr Waren kaufen als zuvor. Keynes empfahl den Unternehmern, die Illusion der Leute auszunutzen. Sie sollten durch höhere Preise den Arbeitern den realen Lohn kürzen, während diese glauben sollten, das gleiche oder mehr zu verdienen. Keynes hielt es für leichter, die Preise zu erhöhen, als die nominalen Löhne zu senken.[84] Die Senkung der Nominallöhne um drei Prozent bei gegebenen Preisen ärgert die Arbeiter. Drei Prozent mehr Lohn, und sie freuen sich, selbst dann, wenn die Preise um sechs Prozent gestiegen sind und so die Reallöhne in beiden Fällen etwa gleich stark gesunken wären.

Während der Inflation von 1913 bis 1923 gingen die Reallöhne fast um die Hälfte zurück und fielen für viele unter das Existenzminimum.

Tabelle 6: Nominal- und Reallohn eines Buchdruckers (Woche)

	Nominallohn	Reallohn	Reallohn in % von 1913
Dez. 1914	31,7	30,76	97,2
Dez. 1915	31,7	24,46	77,3
Dez. 1916	32,6	19,18	60,6
Dez. 1917	39,5	15,65	49,4
Dez. 1918	53,6	17,11	54,4
Dez. 1919	94,9	22,90	72,3
Dez. 1920	244,6	21,10	66,7
Dez. 1921	476,0	24,30	76,6
Dez. 1922	12 207,0	16,80	53,1
Okt. 1923	14 958 000,0	17,09	54,0

Quelle: Heinz Joswig, Das Geld, Berlin/Leipzig/Jena 1968, S. 100

84 John M. Keynes, Allgemeine Theorie der Beschäftigung, des Zinses und des Geldes, Berlin 1955, S. 226f.

Die Herren der Konzerne sind die Gewinner der Inflation. Sie profitieren davon, dass die Reallöhne sinken. Sie zahlen Steuern mit Geld, dessen Kaufkraft von Tag zu Tag sinkt.

Gaettens berichtet über die Inflation 1923, dass auch der wohlhabende Mittelstand – zu dem die freien Berufe wie Ärzte, Rechtsanwälte, Schriftsteller, wissenschaftliche Berater und Gutachter, aber auch Handwerker gehörten – stark unter ihr litt. Die Steigerung der Preise zwang viele, ihr Vermögen »anzugreifen, um das nackte Überleben zu erhalten.« Silber, Gold, Schmuck mussten verkauft werden, auch Bilder, Porzellan und andere antiquarisch kostbare Gegenstände. So verlor der Mittelstand nicht nur sein Barvermögen, sondern auch große Teile seines Sachvermögens. Versicherungsauszahlungen, z. B. Aussteuer- und Ausbildungsversicherungen, trafen den Mittelstand am stärksten. »Viele Familien, die früher in hohem Ansehen standen ..., sanken in Vermögenslosigkeit, auf das Niveau des Proletariats herab. Manche zogen den Freitod vor.«[85]

Besonders verzweifelt aber war die Lage der Rentner, Pensionäre und Geringverdienenden, deren Bezüge sich nicht einmal im Geringsten an den Kaufkraftverlust des Geldes anpassten und die kein Vermögen besaßen, das sie versilbern konnten. Besser standen die Bauern da. Sie atmeten auf in der Inflation. Lion Feuchtwanger schreibt über sie: »Den Bauern schwand ihr Besitz nicht wie den Städtern unterm Arsch weg, sie konnten die Schulden, die auf ihrem Boden lagen, mit entwertetem Geld abdecken. Die Lebensmittel zogen an wie in den Jahren des stärksten Kriegshungers, und die Bauern nützten die spinnerte Zeit aus. Sie hatten Geld wie Heu und schmissen damit um sich ... Auf dem Lande zwar saß man schuldenfrei, lebte mit der zunehmenden Inflation immer üppiger; immer mehr Bauern hielten sich Automobile und Renn-

85 Richard Gaettens, Inflationen, a. a. O., S. 272.

rösser. In den Städten aber stieg der Hunger … In den Schulen saßen die Kinder ohne Frühstück … Tuberkulose griff um sich … Die Säuglingssterblichkeit stieg … Wieder dienten muffige Höhlen als Wohnungen, Zeitungspapier als Wäscheersatz, Pappschachteln als Kinderbetten.«[86]

Für eine lange Zeit nach dem Zweiten Weltkrieg stiegen die Nominallöhne in den meisten europäischen Ländern stärker als die Preise für die Güter der Lebenshaltung. Die Reallöhne sind in Deutschland zwischen 1991 und 2019 um nur 12,3 Prozent gestiegen, obwohl die Nominallöhne um 60,7 Prozent zulegten. Der Anstieg der Verbraucherpreise im gleichen Zeitraum um 48,1 Prozent absorbierte vier Fünftel des Nominallohnzuwachses. Zwischen 2000 und 2009 waren die Reallöhne gesunken, weil die Inflationsrate beinahe durchweg über der Nominallohnrate lag.[87] Und so ist es, wie bereits erwähnt, auch in der aktuellen Inflation.

Man muss beachten, dass diese Zahlen Durchschnittswerte sind. Sie vertuschen die wachsende Ungleichheit zwischen den Beschäftigten. Da die ärmeren Leute, die Bezieher kleinerer und mittlerer Einkommen relativ mehr ausgeben für Lebensmittel und den weiteren Grundbedarf als die Spitzenverdiener, wirkt sich die Inflation unterschiedlich auf die Bevölkerungsgruppen aus. Während die einkommensschwächsten 20 Prozent der Haushalte fast zwei Drittel ihres Geldes für Nahrungsmittel, Wohnen und Energie verwenden, die einkommensstarken Haushalte deutlich weniger, werden sie, die Ärmsten, von Preisexplosionen dieser Waren viel stärker betroffen. In einer Studie des Bundeswirtschaftsministeriums heißt es, dass im Jahr 2015 die realen Bruttolöhne der unteren 40 Prozent der Einkom-

86 Lion Feuchtwanger, Erfolg, Berlin/Weimar 1976, S. 501, 599.

87 Guido Zinke, Lohnentwicklung in Deutschland und Europa, 1.10.2020, in: bpb.de (Bundeszentrale für politische Bildung), abgerufen am 29.8.2022.

mensbezieher zum Teil deutlich niedriger als 1995 waren. Seit den 1990er Jahren haben Haushalte mit niedrigen Einkommen reale Einkommensverluste in Höhe von fünf bis zehn Prozent erlitten. Haushalte mit hohem Einkommen hätten Einkommenszuwächse von über 25 Prozent erzielt.[88] Die relative Belastung der untersten zehn Prozent der Haushalte durch die Inflation ist fast fünfmal höher als die der einkommensstärksten zehn Prozent.[89]

Gläubiger und Schuldner

Schuldner sind Inflationsgewinner, die Gläubiger, auch die kleinen Sparer, sind Inflationsverlierer. Schuldner zahlen Kredite zurück, die nur noch einen Bruchteil der Kaufkraft haben, die sie am Tag der Inanspruchnahme besaßen. Ein reizvoller Tausch im Szenario der 1920er Jahre: Man nimmt einen Kredit auf zu 5 000 Reichsmark, kauft dafür eine hochwertige Maschine, und zahlt später die 5 000 Reichsmark zurück, als man für die Summe gerade noch eine Schachtel Zündhölzer oder eine Fahrkarte für eine Fahrt mit der Straßenbahn bekam. Den Schuldnern ging es blendend. Wer sich 1920 oder 1921 für ein Haus verschuldet hatte, war über Nacht seine Schulden los. Das Reichsgericht entschied zu einer Zeit, dass Mark gleich Mark sein müsse, als dies längst grotesk war. Die Schuldner zahlten ihr Kredite mit entwertetem Geld zurück. So konnte man selbst mit kurzfristigen Bankkrediten, die wie in den Zwanzigern üblich, über das Wechselkonto gingen, riesige Gewinne machen, da die Preise für die Waren und Devisen nach drei Monaten – eine übliche Wechsellaufzeit – enorm gestiegen waren. Gläubiger versteckten sich vor ihren Schuldnern, um den Papierzetteln zu entgehen, mit denen man nichts mehr anfangen konnte. Die Reichsbank konnte sich nicht verkriechen. Sie schätzte für

88 junge Welt, 23.8.2017, S. 1.

89 junge Welt, 14.7.2022, S. 9.

das zweite Halbjahr 1923 die Inflationsgewinne der Schuldner aus der Rückzahlung der Reichsbankkredite mit »entwerteter« Papiermark auf rund 800 Millionen Goldmark.

Hugo Stinnes (1870-1924) galt als Inflationskönig. Die Inflation brachte ihm märchenhaften Reichtum. Im Jahre 1914 besaß er ein Vermögen von 100 Millionen Goldmark. Die Inflation hat es auf eine Milliarde Goldmark erhöht. Stinnes kaufte kriselnde Betriebe mit Krediten. Er errichtete ein gewaltiges Montan-, Industrie- und Handelskonglomerat. Die von ihm beherrschte Siemens-Rhein-Elbe-Schuckert-Union erwies sich als eine Zusammenballung wirtschaftlicher Macht, die es in Deutschland noch nie gegeben hatte. Ähnlich auch die Krupps: Als Waffenproduzenten profitierten sie vom Gemetzel auf den Schlachtfeldern, als Kreditnehmer von der Inflation. Peter Klöckner (1863-1940) stand Mitte der 1920er Jahre größer da als je zuvor. Sie und viele andere Industrie- und Handelsgiganten waren die Nutznießer der Inflation. Reiche Geschäftsleute und Finanzgewaltige kauften den Besitz von Leuten auf, die gezwungen waren, alles zu verkaufen, um nicht zu verhungern: Maschinen, Geräte, Grundstücke, Wohneinrichtungen, Gemälde, Schmuck, wertvolle Erbstücke usw. Den kleinen Leuten mangelte es an allem Lebensnotwendigem. Die Hälfte der Bewohner von 24 preußischen Regierungsbezirken war unterernährt.

Wirtschaftswachstum, Zyklus und technischer Fortschritt

Preise und Krisenzyklus

Wie die Inflation das Tempo der wirtschaftlichen Entwicklung und den zyklischen Ablauf der Reproduktion beeinflusst, ist schwer zu sagen. Erstens hängen Wachstum und Zyklizität nicht nur von der Inflation ab. Zweitens sind die Wirkungen widersprüchlich, können in Abhängigkeit von der Gesamtkonstellation ökonomischer Daten gegensätzlich sein. Drittens muss man zwischen kurzfristigen und langfristigen Wirkungen unterscheiden. Die Inflation trägt zur Modifikation des Krisenzyklus bei. Trotz Überakkumulation steigen die Preise in der Krise, wenn auch geringer als im Aufschwung. Dem Warenüberangebot wird durch ein Kapazitätsüberangebot entgegengewirkt. Dies mindert den Zwang zur Preissenkung, erleichtert es, die Kosten für nichtausgelastete Kapazitäten auf die Verbraucherpreise überzuwälzen. Die Preissteigerungen in der Krise verhindern notwendige Entwertungen und beeinträchtigen die Krisenfunktion. Die Inflation erschwert das Herauskommen aus der depressiven Phase, weil die Überakkumulation und inflationär hohe Preise den Anreiz zu Neuinvestitionen ersticken. Die Preise für Produktions- und Konsumtionsmittel sind zu hoch, um Investitionen zu beleben und den Wandel einzuleiten. Das Antikrisen- und Aufschwungpotenzial[90] hat sich nur in ungenügender Weise bilden können. Die Inflation hat zum

90 Hans Mottek, Die Krisen und die Entwicklung des Kapitalismus, Berlin 1982, S. 87ff.

Teil die Krisenfunktion übernommen, indem sie die Lasten der Kapitalentwertung jenen aufbürdet, die Inflationsverluste hinnehmen müssen. Die chronische Inflation von heute hat dazu beigetragen, dass das Wachstumstempo in konjunkturellen Phasen gesunken ist.

Geldillusion und Wirtschaftswachstum

Die chronische Inflation hat den Rückgang der Wachstumsraten gefördert, weil sie auf Dauer den Widerspruch zwischen Produktion und Konsumtion verschärft. Umgekehrt begünstigt nachlassendes Wirtschaftswachstum die Inflation, weil mit ihr versucht wird, der sich aus dem Rückgang der Wachstumsraten ergebenden Verschlechterung der Kapitalverwertung zu trotzen. Kurzfristig können partielle Preiserhöhungen Anreiz sein, das Wachstum zu beschleunigen. Sie verbessern die Finanzierungsmöglichkeiten und die Verwertung für die Kapitale, die Preisvorsprünge erzielen, sind daher »innerhalb gewisser Grenzen der Akkumulation förderlich.«[91] Zwangsläufig ist dies nicht. Es ist vorstellbar, dass Monopole Preiserhöhungen mit einem vermehrten Warenabsatz kombinieren, um die Profite zu erhöhen. Es ist auch vorstellbar, dass sie das Angebot beschränken, um den Preisvorsprung für eine gewisse Zeit zu erhalten.

Der Homo oeconomicus trifft keineswegs nur rationale Entscheidungen. Er orientiert sich daran, was er unmittelbar wahrnimmt, statt daran, was er erst aufwändig ermitteln müsste. Da nominale Beträge direkt wahrnehmbar sind, ihre realen Werte, d. h. ihre Kaufkraft aber berechnet bzw. geschätzt oder intuitiv erfühlt werden muss, beeinflusst der nominale Betrag die Beurteilung einer Situation stärker als ihr realer Wert. Der Irrtum kann paradoxerweise die Nachfrage und über sie das

91 Ingo Schmidt, Inflation, in: Historisch-kritisches Wörterbuch des Marxismus, Band 6/II, Hamburg 2004, Sp. 1019.

Wachstum kurzfristig positiv beeinflussen. Ein Beispiel: Bei einem Nominaleinkommen von 1 000 Geldeinheiten sei das Preisniveau = 1. Das bedeutet, dass sich der Einkommensempfänger 1 000 Güter kaufen kann. Die 1 000 Güter stellen sein Realeinkommen dar. Er kaufe sich 500 Güter. Wenn sich jetzt das Nominaleinkommen auf 2 000 und das Preisniveau – der Preisdurchschnitt – auf 2 verdoppeln, kann sich der Einkommensempfänger nach wie vor maximal 1 000 Güter kaufen. Sein Realeinkommen wäre konstant geblieben. Da er normalerweise das Preisniveau nicht kennt, könnte er aufgrund der nominalen Einkommensverbesserung denken, seine finanzielle Lage habe sich auch real verbessert und deshalb die Nachfrage von 500 auf 800 erhöhen. Die Mehrnachfrage wäre eine Folge der Geldillusion, der Annahme des Käufers, es ginge ihm materiell besser. Die Geldillusion kann bei konstantem Realeinkommen also eine Mehrnachfrage bewirken und so das Wachstum anregen.

Hohe und schwankende Inflationsraten erhöhen die Unsicherheit. Um das Risiko zu mindern, erhöhen die Geschäftspartner die Zahl der Vertragsabschlüsse und Zahlungsvorgänge. Sie müssen sich immer wieder erneut über die Änderung der relativen Preise informieren und werden aus Furcht vor Inflationsverlusten und der Hoffnung auf Investitionsgewinne den Kauf von inflationsgeschützten langlebigen Gebrauchsgütern wie Grundbesitz, Wohnungen, Gold, Antiquitäten der Geldanlage in produzierenden Bereichen vorziehen.[92] Hyperinflationen mit ihren ruinösen Wirkungen auf die Wirtschaft, der Verarmung und Verelendung großer Teile der Bevölkerung, der gewaltigen Umverteilung von Einkommen und der Vernichtung kleinerer und mittlerer Vermögen dagegen sind nicht nur wachstumshemmend. Sie setzen Wirtschaftswachstum außer Kraft.

92 Dieter Cassel, Inflation, a. a. O., S. 307.

Investitionen und technischer Fortschritt

Wissenschaftlich-technische Neuerungen werden über Investitionen in die Reproduktion getragen. Insofern bestehen enge Berührungspunkte zum Wachstum. Inflation verbessert kurzfristig die Verwertung für Teile des Monopolkapitals. Sie erhöht die Möglichkeit zu akkumulieren, weil sie es gestattet, sich in beträchtlichem Umfang Profite anzueignen. Deren nominales Ausmaß wird durch inflationär steigende Preise real reduziert. Inflation dämpft die Nachfrage. Dadurch nehmen Investitionen ab, mit denen die Produktion erweitert werden kann. Andere Investitionen, mit denen die Produktion modernisiert und rationalisiert wird, nehmen zu. So trägt die Inflation dazu bei, den wissenschaftlich-technischen Fortschritt zu nutzen. Die Inflation verbessert die Möglichkeiten der Akkumulation und verringert deren Notwendigkeit, weil nicht nur Ersatz-, sondern auch Erweiterungsinvestitionen aus Abschreibungen finanziert werden, die den Inflationsgrad teilweise antizipieren. Langfristig schwinden die kurzfristig positiven Wirkungen der Inflation auf die Investitionen. Nachfragebegrenzung, Kostensteigerungen, Zinserhöhungen – alles Inflationseffekte – beeinträchtigen sie. Die seit Jahren schwache Investitionstätigkeit ist damit zu einem Teil das Ergebnis der Inflation.

So widersprüchlich wie der Einfluss auf die Investitionen, sind auch die Wirkungen der Inflation auf den wissenschaftlich-technischen Fortschritt. Unter Bedingungen des Staatsmonopols bringt der Innovationsprozess Inflation hervor, indem seine kostensenkende Wirkung nicht in eine entsprechende Preisbewegung mündet. Inflationär aufgeblähten Kosten soll mit Hilfe des wissenschaftlich-technischen Fortschritts begegnet werden. Abgeschwächt wird dies dadurch, dass ihre Macht es den Monopolen erleichtert, Kosten weiterzuwälzen und mit hohen Monopolpreisen die Verwertung auch bei steigenden Kosten zu garantieren. Die wissenschaftlich-technischen Neuerungen beschleunigen den moralischen Verschleiß der Maschinen und Anlagen. Sie erzwingen, die wachsenden Aufwendungen für Innovationen in kürzeren Zeiten zu erwirtschaften. Die Inflation ermöglicht dies. Typisch geworden ist die Verlagerung der Preis- auf eine Gebrauchswert- und Qualitätskonkurrenz. Sie erwies sich als mächtiger Motor für die Entwicklung neuer Erzeugnisse. Die von Lenin erwähnte Tendenz, dass in »dem Maße, wie Monopolpreise … eingeführt werden« –, »bis zu einem gewissen Grad der Antrieb zum technischen und folglich auch zu jedem anderen Fortschritt (verschwindet)«,[93] wird abgeschwächt. Über dem Wert liegende Preise ermöglichen einen raschen Kapitalrückfluss und hemmen den technischen Fortschritt. Insgesamt ist aber davon auszugehen, dass die Inflation positive Impulse und Zwänge auslöst für die Entwicklung und Nutzung von Wissenschaft und Technik. Die Bedeutung des wissenschaftlich-technischen Fortschritts als Element des Antikrisenpotenzials für die Verbesserung der Kapitalverwertung erhöht sich, weil die Inflation die krisenhafte Entwicklung verschärft.

---

93 Wladimir I. Lenin, Der Imperialismus als höchstes Stadium des Kapitalismus, Lenin Werke, Bd. 22, Berlin 1960, S. 281.

Austauschbarkeit von Arbeitslosigkeit und Inflation?

Der neuseeländisch-britische Ökonom Alban W. Phillips hatte für fast ein Jahrhundert (1862-1957) gezeigt, dass die Arbeitslosenquoten stiegen, wenn die nominalen Löhne sanken. Bei hohen Nominallöhnen waren die Arbeitslosenquoten niedrig.[94] In den Lehrbüchern wird verschwiegen, dass die Beziehung zwischen den Nominallöhnen und der Arbeitslosigkeit in der ökonomischen Theorie seit Jahrhunderten bekannt war. Adam Smith, David Ricardo und Karl Marx hatten sie begründet: Löhne folgen der Beschäftigungsdynamik. Ihre Höhe ist Wirkung, nicht Ursache der Arbeitslosigkeit: Die Beschäftigung bzw. die Arbeitslosigkeit sind abhängig von Produktion und Akkumulation. In Umkehrung des tatsächlichen Zusammenhangs, wonach »die Größe der Akkumulation … die unabhängige Variable (ist), die Lohngröße die abhängige, nicht umgekehrt«,[95] führen neoliberale Ökonomen Krisen auf dem Arbeitsmarkt auf überhöhte Löhne zurück.

Untersuchungen für andere Volkswirtschaften und Zeiträume wiesen nicht immer jene Eindeutigkeit auf, die Phillips für England gefunden hatte. Unterschiedliche Konstellationen zwischen Beschäftigung und Löhnen sind möglich. Massen-

94 Alban William H. Phillips, The Relation between Unemployment and the Rate of Change of Money Wage Rates in the United Kingdom 1862-1957, in: Economica, Vol. 25, 1958, S. 283-299.

95 MEW 23, S. 648.

arbeitslosigkeit gibt es in Hochlohnländern, in Industriestaaten mit niedrigen Löhnen und in den Niedrigstlohnländern der Dritten Welt. 840 Millionen Menschen in den Entwicklungsländern müssen sich mit weniger als zwei US-Dollar Lohn pro Tag begnügen. Müsste es dort nicht ein wahres Beschäftigungswunder geben, hätten die Neoklassiker recht? Dass niedrige Löhne keineswegs mit hoher Beschäftigung und hohe Löhne nicht zwingend mit niedriger Beschäftigung einhergehen, zeigt auch der Vergleich zwischen Ost und West. Die Ostdeutschen arbeiten länger und verdienen deutlich weniger als die westdeutschen Arbeiter und Arbeiterinnen.[96] Der Theorie zufolge müsste diese Lohnlücke in Ostdeutschland eine hohe Beschäftigung auslösen. Dabei ist die Arbeitslosenquote in den neuen Bundesländern noch 30 Jahre nach der staatlichen Einheit höher als in den alten.

Arbeitslosigkeit oder Inflation? Phillips' später mehrfach bestätigte Analyse ließ die neoklassischen Hypothesen in einem zweifelhaften Licht erscheinen. Die empirischen Befunde über den Zusammenhang zwischen Löhnen und Arbeitslosigkeit erregten die Ökonomen. Der Mainstream redet unverdrossen Lohnsenkungen und Lohnzurückhaltung das Wort. Der Zusammenfall von hohen Löhnen mit niedriger Arbeitslosigkeit (bzw. steigenden Löhnen und sinkender Arbeitslosigkeit) passt nicht in sein Konzept. Kein intellektueller Aufwand wurde gescheut, um den Zusammenhang zu zerreden, den Phillips' Zahlen belegen. Bürgerliche Ökonomen drechselten aus dem ihnen unangenehmem Fakt Zug um Zug ein Argument gegen hohe Löhne. Samuelson und Solow besannen sich der Lohn-Preis-Spirale und »entdeckten« eine Austauschbeziehung zwischen der Inflationsrate und der Arbeitslosenquote.[97] Eine hohe

96 Ostdeutsche arbeiten mehr und verdienen weniger, 6.7.2019, zeit.de, abgerufen am 20.8.2022.

97 Paul A. Samuelson / Robert M. Solow, Analytical Aspects of Anti-In-

Nachfrage nach Arbeitskräften ermögliche einen Anstieg der Löhne. Mit den Löhnen aber stiegen zugleich die Preise. Auf diese Weise seien Arbeitslosigkeit und Inflation »austauschbar«: wenige Arbeitslose, dafür hohe Preise oder niedrige Preise, dafür mehr Arbeitslose. Lieber drei Prozent Inflation statt fünf Prozent Arbeitslosigkeit, hieß es seitens der Politik.

Empirische Untersuchungen sind widersprüchlich. Sie ergeben, dass steigende Arbeitslosenquoten sowohl mit sich beschleunigenden als auch mit sinkenden Preissteigerungsraten auftreten können.[98] Das Problem ist komplexer, als es von Samuelson und Solow gesehen wird. Die Frage ist nicht, ob Inflation und Arbeitslosigkeit sich ausschließen oder bedingen, sondern unter welchen Bedingungen das eine und unter welchen das andere eintritt. So verengen sich in der Rezession die Spielräume, die Preise zu erhöhen, weil das Güterangebot die zahlungsfähige Nachfrage übertrifft. Die Arbeitslosigkeit schwillt an, Löhne oder Lohnsteigerungsraten fallen. In aufsteigenden Phasen, in denen die Nachfrage dem Angebot vorauseilt, werden die Preiszuwachsraten größer, Löhne steigen und in begrenztem Maße können mehr Arbeitsplätze geschaffen werden. Wie viele, hängt ab vom Wachstum der Produktivität und davon, in welchem Umfang die Unternehmer Arbeitskräfte durch leistungsfähigere Maschinen ersetzen. Beschäftigung und Preisbewegung spiegeln nicht die Lohnbewegung wider, sondern unterschiedliche Gesamtkonstellationen in den Phasen des

flation Policy. American Economic Review. Papers and Proceedings, Vol. 50, 1960, S. 177-194; deutsche Übersetzung: Analytische Aspekte der Anti-Inflationspolitik, in: E. Nowotny (1974), Löhne, Preise und Beschäftigung, Frankfurt/M., S. 197-217.

98 Georg Quaas / Mathias Klein, Die Phillips-Kurve und ihre Gültigkeit für Deutschland, in: WiSt, Wirtschaftswissenschaftliches Studium, Heft 2/2011, S. 360-366; Jürgen Kromphardt / C. Logeay, Birgt der nächste Aufschwung Inflationsgefahren?, in: Fritz Helmedag / Jürgen Kromphardt (Hg.), Nachhaltige Wege aus der Finanz- und Wirtschaftskrise, Schriften der Keynes-Gesellschaft, Bd. 4, Marburg 2011, S. 192-196.

Zyklus. Der »Austausch von Arbeitslosigkeit und Inflation« ist nicht lohnbedingt, sondern zyklusbestimmt.

Die Bewegung der Preise ist nicht nur zyklisch verursacht. Von ihr gehen auch unterschiedliche Effekte auf den Zyklus aus. In der Frühphase des Aufschwungs regt der Anstieg der niedrigen Preise, der verbesserte Verkaufsmöglichkeiten signalisiert, Investitionen und Produktion an. In der Prosperitätsphase erschlafft die stimulierende Wirkung steigender Preise – und schlägt in ihr Gegenteil um. Preiserhöhungen wirken jetzt hemmend, weil sie die Nachfrage beschränken, und beschleunigen den Eintritt in die Krise. Sie verschlechtern die Beschäftigungslage. Der Zyklus zeigt, dass es nicht nur eine inverse Beziehung zwischen Preisen und Arbeitslosigkeit gibt. Niedrige oder steigende Preise sind mit einem Abbau von Arbeitslosigkeit ebenso vereinbar wie hohe oder steigende Preise mit einer Freisetzung von Arbeitskräften. Das letzte spielt kurz vor dem Eintritt in die Rezession, das erste für deren Beendigung eine gewisse Rolle.

Der Zusammenfall von Inflation und Arbeitslosigkeit – man nennt ihn Stagflation – hat weitere Ursachen: Konzentration des Kapitals, Monopole und Oligopole ersetzen den Wettbewerb durch Absprachen und Monopolpreise. Zwar stoßen die Kapazitäten der Produktion an die Enge des Marktes. Die Macht der Monopole aber verhindert, dass das Preisniveau abnimmt. Die Verlangsamung des wirtschaftlichen Wachstums und der Abbau der Arbeitsplätze resultieren aus dem hohen Niveau der Produktion und der Produktivität in gesättigten Märkten. Im Denkmodell der Neoklassik müssten unter diesen Bedingungen – hohes Angebot stößt auf begrenzte Nachfrage – die Preise sinken. Dem Zwang zu Preissenkungen entziehen sich die mächtigen Monopole und Oligopole. Letztere sind de facto Quasimonopole.[99]

---

99 Vgl. Klaus Müller, Mikroökonomie. Eine praxisnahe, kritische und theoriengeschichtlich fundierte Einführung, 8. Aufl., Chemnitz 2020, S. 449-461; Klaus Müller, Monopole, Köln 2020, S. 86-103.

Die US-amerikanischen Ökonomen Friedman und Phelps akzeptierten den »Tausch« zwischen Arbeitslosigkeit und Inflation nur für die kurze Zeit.[100] Erhöhungen der Geldmenge weiteten die Nachfrage aus. Die Folge ist Inflation. Die Arbeitslosigkeit sinke, weil die Unternehmer bei geringeren Reallöhnen kostengünstiger produzierten und mehr Arbeitskräfte einstellten. Hohe Preise verbänden sich mit niedriger Arbeitslosigkeit. Aber nur solange die Leute erwarteten, dass die Inflation niedriger ausfällt als dies in Wirklichkeit der Fall ist. Bemerkten die Arbeiter aber später ihren Irrtum und forderten, die Löhne an die vorausgeeilten Preise anzupassen, stiege die Arbeitslosigkeit auf ihr Ausgangsniveau. Das war der erste Versuch, die neoklassische Arbeitsmarkttheorie zu retten.

Ökonomen, die an rationale Erwartungen glauben, wie Lucas[101] und Sargent,[102] gaben die Annahme der Geldillusion auf und ersetzten sie durch ihr Gegenteil. Sie behaupten, dass Wirtschaftssubjekte alle verfügbaren Informationen in ihre Entscheidungen einbezögen und die künftige Inflationsrate voraussehen würden. Sie seien in der Lage, dieser sofort durch entsprechende Erhöhungen der Nominallöhne zuvorzukommen. So verhinderten sie, dass die Reallöhne sinken. Deshalb wäre selbst eine vorübergehende Zunahme der Beschäftigung unmöglich, weil dafür ja angeblich die Reallöhne sinken müssten. Die Erhöhung der Geldmenge bewirke ausschließlich Inflation. Sie könnte nicht einmal für eine kurze Zeit die Arbeitslosig-

---

100 Milton Friedman, The Role of Monetary Policy, The American Review, Menasha, Wisc. 1968, Vol. 58, S. 1-17, deutsch in: E. Nowotny (1974), Löhne, Preise, Beschäftigung, Frankfurt/M., S. 208-222; Edmund S. Phelps, Phillips Curves, Expectations of Inflation and optimal Unemployment over Time, Economica, Vol. 34, 1967, S. 254-281.

101 Robert E. Lucas, Price Expectations and Phillips Curve. The American Economic Review, Vol. 59, Menasha, Wisc. 1969, S. 342-350.

102 Thomas J. Sargent, Rational Expectations, the Real Rate of Interest and the National Rate of Unemployment, Brookings Papers on Economic Activity, Vol. 2, Washington D.C. 1973, S. 429-472.

keit mindern – so lautet die düstere Botschaft. Mit ihr drehen die Ökonomen den Spieß um: Löhne sind jetzt nicht mehr die Folge der Beschäftigung, sondern deren Ursache. Die Verwässerungen des von Phillips statistisch bestätigten Zusammenhangs zwischen Löhnen und der Arbeitslosigkeit sind »Anschauungsmaterial für Vorgehensweise und politische Funktion einer Form von Wirtschaftswissenschaft, die es hinsichtlich apologetischer Leidenschaft und argumentativer Skrupellosigkeit mit jedem fundamentalchristlichen Bible-Belt-Evangelisten aufnimmt«, schreibt Holger Wendt treffend.[103] Sie beruhen auf mehreren obskuren Annahmen:

- Erhöhungen der Geldmenge führten zu Preissteigerungen. Das ist möglich, doch bedarf es dazu weiterer Voraussetzungen. Zusätzliches Geld muss auf die Gütermärkte strömen. Grundsätzlich verhält es sich umgekehrt: Die Unternehmen erhöhen die Preise. Dadurch steigt die Geldmenge.
- Löhne stiegen weniger stark als die Preise, weil Arbeitende das Ausmaß der künftigen Inflation unterschätzten. Der geringere Anstieg der Löhne beruht nicht auf diesem erdachten Irrtum. Die Unternehmer können viel leichter Preise erhöhen, als es Arbeitenden gelingt, angemessene Lohnerhöhungen zu erkämpfen. Das ist eine Frage des Kräfteverhältnisses.
- Gelänge es den Unternehmen, die Reallöhne zu senken, entstünden mehr Arbeitsplätze. Wer soll bei sinkenden Löhnen mehr kaufen? Die Unternehmer stellen nicht mehr Arbeitskräfte ein, wenn sich die Arbeiter über die Höhe der Inflation täuschten und die Reallöhne sinken, sondern wenn die Zahl der Beschäftigten nicht reicht, um die Nachfrage nach Gütern zu decken. Die Anpassung der Löhne an die höheren Preise kann umgekehrt Arbeitsplätze sichern, wenn der Absatz steigt.

---

103 Holger Wendt, Das richtige Buch im falschen Verlag, Marxistische Blätter, Heft 3/2017, S. 180-182.

- Es wird so getan, als sei es für die Arbeitenden kein Problem, beliebige Löhne durchzusetzen. Egal, ob die Löhne in einem gemessen an der Inflation zu geringen oder im »richtigen« Umfang steigen. Das Kräfteverhältnis der Tarifparteien spiele keinerlei Rolle. Die Unternehmer erscheinen als willenlose Akteure, die von den Arbeitenden beliebig gesteuert würden. Was für eine Entstellung der Lohnfindungsprozesse!

Die Diskussionen um den von Phillips nachgewiesenen Zusammenhang zwischen Löhnen und Arbeitslosigkeit, der im Widerspruch zur neoklassischen Arbeitsmarkttheorie steht, haben einzig das Ziel, diese zu retten. Dazu müssen fragwürdige Hypothesen herhalten: Wacklige Konstruktionen, reduktionistische Vereinfachungen, Realitätsferne. Es wundert nicht, dass die empirische Forschung die Hirngespinste widerlegt hat[104] und ebenso wenig, dass sich die Lehrbuchautoren darüber hinwegsetzen. Empirische Analysen über den Zusammenhang zwischen Beschäftigung, Preisen und Lohn bestätigen, dass Phillips' Erkenntnisse eine höhere Erklärungskraft besitzen als alle Versuche, die Zusammenhänge zu verwässern.[105]

---

104 Jürgen Kromphardt / C. Logeay, Birgt der nächste Aufschwung Inflationsgefahren?, a. a. O., S. 201.

105 Georg Quaas / Mathias Klein, Die Phillips-Kurve …, a. a. O., S. 364.

»Antiinflationspolitik«
Die Instrumente und wie sie wirken sollen

Was tun gegen Inflation?

Marktkonformes

Der Staat kann versuchen, die Wirkungen der Inflation abzuschwächen, indem er den Verbrauchern zurückgibt, was die Inflation ihnen genommen und in die Kassen der Konzerne gespült hat. Die Ampel-Koalition aus SPD, FDP und Grünen diskutierte und beschloss milliardenschwere Maßnahmen, »Entlastungspakete« nannten ihre Politiker sie.[106] Sie sollen die sozial unerträglichen Wirkungen der Inflation mildern. Inflationäre Reallohnverluste sollten temporär oder langfristig gemindert werden durch Einmalzahlungen, Steuersenkungen, Rabatte, Erhöhungen des Wohn- und Kindergelds (die ohnehin vorgesehen waren), Energiekosten- bzw. Heizkostenzuschüsse für Geringverdienende, die Erhöhung der Freigrenze für Sozialversicherungsbeiträge, 9- und 49-Euro-Tickets für Fahrten mit dem ÖPNV, die Aufhebung der Doppelbesteuerung der Renten und ähnliche monetäre Hilfen wie die Erhöhung des Hartz-IV-Satzes, künftig Bürgergeld genannt. Der Abbau der sogenannten »kalten Progression« durch die Senkung der Einkommensteuer, mehrfach erwogen, würde vor allem den Gutverdienenden zu-

106 Bis September 2022 beschloss sie drei Maßnahmenpakete im Umfang von insgesamt 95 Milliarden Euro, dazu einen »Doppel-Wumms« in Höhe von 200 Milliarden Euro.

gutekommen. Die Partei Die Linke fordert eine monatliche Direktzahlung von 125 Euro pro Person sowie zusätzlich 50 Euro pro Kopf je Haushalt.[107] Insbesondere für einkommensschwache Haushalte wären Pauschalzahlungen hilfreich. Eine Pro-Kopf-Pauschale zur Entlastung der Verbraucher z. B. hält Finanzminister Lindner (FDP) dagegen für nicht durchführbar, weil der Staat technisch nicht in der Lage sei, allen Bürgern direkt Geld auszuzahlen. Die Verknüpfung aller Steuernummern mit den Bankkonten dauere 18 Monate. Dabei entwickelt die Bundesagentur für Arbeit jeden Monat 17 Millionen Überweisungen ab, wozu sie jeweils 10 Tage benötigt.[108]

Anderes erwies sich als Irrläufer. Er sollte die Autofahrer und Pendler eine Zeit lang spürbar entlasten: der Tankrabatt. Von Juni bis Ende August 2022 in Deutschland gewährt, betrug er bei Benzin rund 35 Cent je Liter (30 Cent Senkung der Energiesteuer plus 5 Cent Ersparnis bei der Mehrwertsteuer) und bei Diesel rund 17 Cent je Liter (14 Cent Senkung der Energiesteuer plus 3 Cent Ersparnis bei der Mehrwertsteuer). Die vielleicht gutgemeinte Wirkung verpuffte vorhersehbar. Monopole unterliefen sie mühelos. Kurz vor Wirksamwerden der Steuererleichterungen am 1. Juni erhöhen sie die Preise nochmal kräftig (den Liter Superbenzin auf 2,30), um ihn dann scheinbar großzügig knapp auf unter 2 Euro zurückzunehmen. Das Endergebnis: die Kraftfahrer wurden nicht entlastet, die Konzerne konnten ihr Hochpreisniveau nach und trotz der Steuersenkung sichern. Nach Auslaufen des Tankrabatts schnellten Anfang September 2022 die Spritpreise wieder in die Höhe. Ein toller Schildbürgerstreich: Den Autofahrern brachte die Maßnahme nichts, den Benzinverkäufern und Ölkonzernen großzügige Subventionen. Ein Paradebeispiel für die Naivität der Politiker, die vermutlich sogar an den Sinn des von ihnen

107 junge Welt, 12.9.2022, S. 2.

108 Freie Presse, Chemnitz 2.9.2022, S. 4.

beschlossenen Unsinns glaubten, obwohl sie wissen mussten, dass Konzerne Entlastungen nicht an ihre Kunden weitergeben würden.

Ähnlich widersinnig die beabsichtigte »Gasumlage«, die dem Wirtschaftsminister Habeck (Grüne) von der Energielobby diktiert worden war, aber zum Glück scheiterte, bevor sie begann. Sie sollte den Normalverbraucher nicht *ent*-, sondern zusätzlich *be*lasten. Geplant war, von Oktober 2022 bis März 2024 2,419 Cent pro Kilowattstunde (kWh) zu erheben, um zusätzlich 30 Milliarden Euro aufzubringen. Bei einem Jahresverbrauch von 16 000 kWh für eine Wohnfläche von 100 Quadratmetern wären das 387 Euro pro Jahr gewesen. Ohne die Mehrwertsteuer. Der Wirtschaftsminister bezweckte mit der »Gasumlage«, die Energieunternehmen und Gasimporteure wie Uniper, SEFE (ehemals Gazprom Germania) und die VNG Gasspeicher GmbH zu entlasten und vor einer möglichen Pleite zu bewahren, die, statt wie bisher billiges russisches Gas zu beziehen, sich Gas zu deutlich höheren Preisen von woanders beschaffen müssen und, weil durch längerfristige Verträge gebunden, die höheren Preise nicht sofort an ihre Kunden weiterreichen können. Die Umlage sollte auch anregen, den Gasverbrauch zu senken, damit im Winter keine Engpässe entstehen. Alle Privatkunden und Unternehmen, die Gas verbrauchen, sollten neben den gestiegenen Gaspreisen die Umlage zahlen und so eine doppelte Last tragen. Ende September 2022 zog die Bundesregierung die Verordnung über die sozial ungerechte Gasumlage zurück. Der Widerstand gegen sie war zu groß geworden. Und auch weil Uniper verstaatlicht werden sollte – gemäß dem Grundsatz »Privatisierung der Profite – Sozialisierung der Verluste.«

Eine Umkehrung der inflationären Umverteilung ist in Grenzen denkbar. Die zusätzlichen Milliardengewinne, von den Rekordpreisen in die Kassen der Mineralölkonzerne gespült, ohne dass diese dafür etwas geleistet haben, könnten abgeschöpft und denen zurückgegeben werden, denen Einkommen entzogen wurde. Die »Übergewinnsteuer« oder »Zufallsgewinnsteuer«, von der EU-Kommission gefordert, wurde von deutschen Politikern immerhin diskutiert und im September 2022 vage angekündigt. Mit ihr könne die Strompreisbremse für einen Basisverbrauch der Privathaushalte finanziert werden. Von den betroffenen Unternehmen und ihren Fürsprechern kommen die erwarteten Einwände: Zu bürokratisch, zu aufwändig, schwierig zu berechnen, daher willkürlich, populistisch sei eine solche »Sonder-Steuer«, mit dem deutschen Steuerrecht nicht vereinbar und politisch nicht sinnvoll (Lindner), obendrein investitionsschädlich. Und wie »Übergewinne« rechtssicher nachweisen? Konzerne bräuchten Gewinne, um Investitionen zu finanzieren. Das Problem ist nicht, wie Marcel Fratzscher, der Präsident des Deutschen Instituts für Wirtschaftsforschung (DIW), sagte, dass Mineralölkonzerne Gewinne erzielen, »sondern dass sie ihre Marktmacht zulasten der Konsumenten missbrauchen.«[109] Aus einer Übergewinnsteuer könnten keine finanzielle Zuwendungen an die von Inflation am ärgsten Betroffenen kommen, weil es dafür keine rechtsverbindlichen Kriterien gäbe und allein die Debatte über eine zusätzliche Besteuerung der Inflationsgewinner nur Neid entfache.[110] Besser sei es, so die »Arbeitgeber«, Kohle- und Atomkraftwerke wieder hochzufahren. Mehr Strom ließe den Strompreis fallen. Andere Länder griffen dagegen rigoros ein. Großbritannien und Spanien besteuern die zusätzlichen Profite. Italien führt eine »Über-Umsatzsteuer« ein. Die Zeitungen meldeten im November 2022, dass die Bundesregierung plane, ausschließlich Gewinne besonders profitabler Konzerne abzuschöpfen. Eine niedrige zweistellige Zahl von Unternehmen sei betroffen. Sie sollen ihre Profite aus den Jahren 2022

---

109 Freie Presse, Chemnitz, 14.6.2022, S. 4.

110 So ähnlich Prof. Dominik Most von der TU Dresden. Freie Presse, Chemnitz, 2. 9. 2022, S. 6.

und 2023 extra versteuern, die mehr als 20 Prozent über dem Durchschnittsgewinn der Jahre 2018 bis 2021 lagen.[111] Eine solche Zusatzsteuer tut dem Gerechtigkeitsempfinden wohl. Wie auch die Forderung der »Wirtschaftsweisen«, Topverdiener und Superreiche stärker zu besteuern. Die Idee der Vermögensteuer lebt wieder auf. Die Steuer würde dazu beitragen, die Energiekrise solidarisch zu bewältigen. Zu große Hoffnungen in die Besteuerung hochprofitabler Unternehmen sollten aber nicht gesetzt werden. Unabhängig davon, in welcher Art solche Vorhaben realisiert werden, steht zu erwarten, dass die Mineralölfirmen die Sondersteuer postwendend und preistreibend auf die Bürger abwälzen.

Marktkonträres

Die herrschende Wirtschaftslehre bezeichnet die bisher genannten Maßnahmen als marktkonform. Aber rigorosere Eingriffe sind wünschenswert, die mehr Entlastung bringen könnten. Doch sie gelten als marktkonträr und sind der herrschenden Wirtschaftslehre ein Dorn im Auge. Schon das Nachdenken über Höchstpreise ruft sofort die marktgläubigen »Experten« des Kapitals auf den Plan. In ihren Studien werden beispielsweise Preiskontrollen, Preisstopps bzw. Preisdeckel als verheerende, nicht mit den »Marktgesetzen« vereinbare Eingriffe verworfen: Sie unterbänden Sparanreize, denn hohe Preise regten die Leute zum Sparen und die Unternehmer zur Ausweitung des Angebots an und genau das sei die Funktion des Marktes. Subventionierte und gedeckelte Gas- und Strompreise müssten die Steuerzahler tragen; Gas- und andere Preisdeckel wären mit hohen Risiken und Unklarheiten verbunden, Versuche, sie dennoch einzuführen, zu schwierig, zu teuer, zu bürokratisch. Großbritannien wagt es. Die nur nach wenigen Wochen wieder davongejagte britische Premierministerin Liz Truss hatte

---

111 junge Welt, 24.11.2022, S. 2.

auf ihrer ersten Rede nach der Wahl zur Parteivorsitzenden der britischen Konservativen im Sommer 2022 in London schnelle Maßnahmen zur Abfederung der hohen Energiekosten angekündigt. Dazu gehört ein »Deckel«, der festlegt, wie viel Versorger maximal pro Einheit an Strom und Gas von ihren Kunden verlangen dürfen. Ihn gibt es allerdings bereits seit 2019. Die Regulierungsbehörde Ofgem passt ihn zwei Mal im Jahr an. Erst im April 2022 erhöhte sie ihn um 54 Prozent. Die durchschnittliche Energierechnung stieg somit auf einen Schlag auf etwa 2 000 Pfund im Jahr an. Von Oktober 2022 an beträgt er für einen durchschnittlichen Haushalt 3 549 Pfund (mehr als 4 200 Euro) im Jahr. Prognosen zufolge soll er weiter steigen.[112]

Es ist also ein Deckel, der nicht hält, ein, beschönigt ausgedrückt, »atmender« Deckel. Befürchtet wurde, dass Millionen Haushalte im Vereinigten Königreich im Winter in Schwierigkeiten geraten werden, ihre Strom- und Gasrechnung zu zahlen. Trotz relativer Deckelung der Preise! Auch Frankreich, Spanien, Portugal, Tschechien, Belgien, Estland, Griechenland, Ungarn, Kroatien und Rumänien haben einen Preisdeckel für Strom und Gas eingeführt. Zumeist unbürokratisch, schnell und wirksam. Die deutsche Regierung ließ sich Zeit. Der Staat hat mit einer »Gaspreisbremse« erst ab März 2023, die rückwirkend ab Januar oder Februar gelten soll, den Gaspreis für Privatkunden auf das recht hohe Niveau von 12 Cent brutto pro Kilowattstunde begrenzt – fast eine Verdopplung des Preises gegenüber dem zweiten Halbjahr 2021 – und für industrielle Kunden in Höhe von 7 Cent jeweils pro Kilowattstunde gewährleistet. Subventioniert wird jeweils ein Grundkontingent. Es beträgt bei Privatkunden 80 Prozent und bei Firmenkunden 70 Prozent des Verbrauchs. Ab Januar 2023 soll eine »Strompreisbremse« greifen. Für Haushalte wird ein Grundkontingent von 80 Prozent des bisherigen Verbrauchs

112 Handelsblatt, 5.9.2022.

für einen Bruttopreis von 40 Cent je Kilowattstunde angeboten. Der Deckel ist viel zu hoch. Zum Vergleich: In Österreich wird der Strompreis bei 10 Cent gedeckelt. Für die Industriebetriebe will der Bund einen Nettopreis von 13 Cent pro Kilowattstunde für ein Grundkontingent von 70 Prozent des früheren Verbrauchs sichern. Die deutschen Energiepreisbremsen wurden vorerst bis zum 30. April 2024 begrenzt. Und was ist mit Mineralölprodukten, Heizöl, Nahrungsmittel, Kohle, Holz, Pellets und anderen Produkten, deren Preise auch exorbitant gestiegen sind? Hier waren zunächst keine Bremsen, Deckel und Kontrollen vorgesehen. Im Dezember 2022 hat die Bundesregierung nachgebessert: Verbraucher, die für Heizöl, Flüssiggas und Pellets vom 1.1. bis zum 1.12.2022 mehr als das Doppelte im Vergleich zum Vorjahr zahlen mussten, sollen auf entsprechenden Antrag hin bis zu 2 000 Euro pro Haushalt erhalten können.

Bis zu den Wurzeln

Von der Politik gegen die Inflationswirkungen und zur Inflationsvermeidung muss man die Politik gegen die Inflationsursachen unterscheiden. Eine Politik gegen die Ursachen der Inflation müsste eine Politik gegen Monopole und Oligopole sein und die Spekulationen unterbinden. Der Widerstand des Kapitals gegen eine solche Strategie ist zu groß, um ihr eine Chance zu geben. Immerhin wurde in Deutschland über die Verschärfung des Kartellrechts schon mal laut nachgedacht: mehr Eingriffsmöglichkeiten, Abschöpfung von Gewinnen, wenn Konzerne ihre Marktmacht missbrauchen (was schon heute möglich ist, aber am schwierigen Nachweis scheitert, dass ein Kartell vorliegt). Andreas Mundt, der Chef des Bundeskartellamts, muss einräumen, dass die Preissteigerungen auf dem Kraftstoffmarkt nicht allein auf Kostensteigerungen beruhen, die hohen Kraftstoffpreise also nicht mit der Entwicklung des Ölpreises und der Raffineriekosten allein erklärt werden könnten, wiegelt aber ab. Das Kartellamt habe keine Hinweise auf Preisabsprachen. Als letztes Mittel wird sogar eine »Entflechtung« der Konzerne für möglich gehalten. Künftig könnte die Feststellung reichen, dass die Unternehmen wie ein Kartell auftreten,[113] um gegen sie vorzugehen. Wenn überhaupt, wird es noch lange dauern, bis eine entsprechende Gesetzesnovelle auf den Weg gebracht wird. Die Aussichten sind gering. Die Wirtschaft läuft Sturm.[114] Die Gegner haben bereits Position bezogen: »Wir halten die Einführung missbrauchsunabhängiger Entflechtungsmöglichkeiten und kartellrechtlicher Gewinnabschöpfungsansprüche ohne Nachweis des Verschuldens für einen Irrweg«, so Stefan Genth, Hauptgeschäftsführer des Handelsverbandes Deutschland.[115]

Wenn die Energiekonzerne ihre Milliardengewinne verdoppeln und verdreifachen, während sich Millionen Menschen Strom nicht mehr leisten können, die marktwirtschaftliche Regulierung also desaströs versagt, steht im Interesse des Gemeinwohls das Privateigentum zur Disposition. Daseinsvorsorge darf nicht dem Markt überlassen werden. Die Überführung privater Konzerne in öffentliche, demokratisch kontrollierte und dem Gemeinwohl verpflichtende Unternehmen müsste garantieren, dass Strom und Wärme nicht mehr produziert würden, um Profite zu steigern, sondern um die Bedürfnisse der Menschen zu befriedigen und das Grundrecht auf Energieversorgung für alle zu garantieren.[116] Stromerzeugung, Stromnetz und Verteilung sind Staatsaufgabe, müssen gemeinwohl- und nicht profitorientiert organisiert werden.[117]

---

113 Freie Presse, Chemnitz, 29.11.2022, S. 6.

114 Jürgen Leibiger, Ein Kartellrecht mit »Klauen und Zähnen«?, in: Das Blättchen, Zweiwochenschrift für Politik, Kunst und Wirtschaft, Nr. 16/2022, 1.8.2022, S. 28-30.

115 junge Welt, 15.6.2022, S. 9.

116 Vgl. dazu Jürgen Leibiger, Eigentum im 21. Jahrhundert, Metamorphosen, Transformationen, Revolutionen, Münster 2022, S. 328ff.

117 Lucas Zeise, Basteln am Strommarkt, junge Welt, 10./11.9.2022, S. 9.

Zinsen, Zentralbanken und Inflation

Ökonomen, Wirtschaftsjournalisten und Politiker setzen große Hoffnungen in die Politik der Zentralbanken. Unisono erklären sie: Die Notenbank müsse mit hohen Zinsen die Inflation brechen. Nach langem Zögern folgten einige Notenbankpräsidenten dem Rat. Die Europäische Zentralbank (EZB) erhöhte erstmals nach 11 Jahren im Juli 2022 wieder ihren wichtigsten Leitzins, den Hauptrefinanzierungssatz – das ist der Zins, zu dem sie den Banken wöchentlich kurzfristigen Kredit gewährt – von 0,0 auf 0,5 Prozent, um wenig später die größte Zinssteigerung ihrer Geschichte vorzunehmen: am 14.9.2022 erhöhte sie den Leitzins von 0,5 um 0,75 auf 1,25 Prozent. Und Ende Oktober noch einmal um denselben Betrag. Nun betrug der EZB-Leitzins 2,0 Prozent. Der vierte Hub im Dezember: Der Leitzins wurde auf 2,5 Prozent hochgesetzt, im Februar 2023 auf 3 Prozent – eine weitere Erhöhung für März in Aussicht gestellt. Fed-Präsident Jerome Powell hatte im Juni den Leitzins auf 1,5-1,75 Prozent angehoben – die größte Zinserhöhung der US-amerikanischen Notenbank seit 1981. Seit Ende Juli 2022 betrug er 2,25-2,5 Prozent, seit Anfang November 3,75-4 Prozent. Mitte Dezember, kurz bevor die EZB den Leitzins anhob, wurde er auf die neue Spanne von 4,25-4,5 Prozent hochgesetzt. Und Anfang Februar 2023 auf 4,5-4,75 Prozent. Die Bank of England hat im Dezember 2022 den Leitzins um 0,5 Punkte auf 3,5 Prozent und im Februar 2023 auf 4 Prozent angehoben. Im Mai des Jahres hatte er noch 1 Prozent betragen. Die Zentralbanken heben im Gleichlauf ihre Zinsen an. Alles Anzeichen dafür, dass sich nach Jahren niedrigster Zinsen, Null- und Negativzinsen eine Wende zu höheren Zinsen vollzieht.

Die Auffassung, dass Zinssteigerungen die Inflation dämpfen würden, scheint inzwischen in den Alltagsverstand eingegangen zu sein.[118] Aber ist sie richtig? Hohe Zinsen = niedrige

118 Ausnahme: Die türkische Zentralbank senkte den Leitzins im August

Preise? Die Zentralbank erhöht die Zinsen und daraufhin hören Gas-, Strom und andere Rohstoffpreise auf zu steigen? Wie soll das möglich sein? Die Annahme, dass hohe Zinsen über die Reduzierung der Geldmenge und des Kreditvolumens das Preisniveau verringern könnten, ist nicht unlogisch. Ihr Fehler ist, einen komplexen Zusammenhang in eine einfache, monokausale Beziehung aufzulösen und ihn damit überzubewerten. Steigende Zinsen bewirkten, dass die Kreditnachfrage und die Geldmenge zurückgingen, weniger konsumiert und mehr gespart werde. Für Sparen gibt es wieder Zinsen, das Sparen wird belohnt. Die Leute verzichteten auf Teile ihres Konsums. Weniger Geld im Umlauf ließe die Preise sinken. Folglich gehörten hohe Zinsen und niedrige Preise zusammen. Ist die Kausalität richtig? Karl Marx hatte bereits in Auseinandersetzung mit David Ricardo begründet, dass die zirkulierende Geldmenge nicht die Ursache des Preisniveaus ist, sondern umgekehrt selbst bestimmt werde durch die Preissumme des Güterangebots und die Umlaufgeschwindigkeit des Geldes. Für die Richtigkeit spricht der gesunde Menschenverstand. Ein Beispiel: Der Preis einer Ware sei 1 000 Euro. Der Interessent an dieser Ware besitzt diesen Betrag, kann die Ware also kaufen. Erhöht sich sein Einkommen um 500 Euro, ist noch kein Preis gestiegen und er muss es auch nicht zwingend tun. Weshalb sollte der Käufer von sich aus plötzlich 1 500 Euro für die Ware zahlen, nur weil er es könnte? Eine Preisfindung via Auktionen ist in der »normalen« Wirtschaft untypisch. Nicht die Nachfragenden setzen die Preise fest oder bestimmen sie. Die Anbieter tun es. Es verbessern sich nur die Möglichkeiten, dass Anbieter höhere Preise durchsetzen, wenn sie wissen, dass die dafür benötigte Kaufkraft vorhanden ist und die Nachfragenden keine Alter-

---

2022 von 14 auf 13 Prozent, trotz einer Inflationsrate von 80 Prozent. Erdoğan vertritt den Standpunkt, dass hohe Zinsen zu hoher Inflation führen. (junge Welt, 19.8.2022, S. 2) Japan und die Schweiz belassen ihre Leitzinsen bei null bzw. im Minusbereich.

nativen haben, sich dem teuren Angebot zu entziehen. Erhöht sich dagegen der Preis der Ware um einen bestimmten Betrag, z. B. von 1 000 auf 1 500 Euro, dann ist, will jemand die Ware kaufen, zwingend zusätzliches Geld in dieser Höhe erforderlich. Hat der Kaufinteressent nicht so viel, muss er versuchen, sich den Fehlbetrag zu leihen. Es geht beim Geldumlaufgesetz bzw. bei der Quantitätsgleichung des Geldes nicht um irgendeine beliebige Geldmenge. Es geht um die, die zirkuliert, um die, die gebraucht wird, um die Waren zu bezahlen. Der Preis ist das Bestimmende, das Vorausgesetzte, die Höhe der Geldmenge ist abhängig von der Preissumme. Höhere Preise erfordern mehr Geld, niedrigere Preise weniger bei unterstellter Geldumlaufgeschwindigkeit, der Häufigkeit, mit der Geldeinheiten für Zahlungen verwendet werden. Zuviel Geld *kann* gar nicht zirkulieren. Was nicht zirkuliert, sich nicht in der Zirkulation aufhält, Geld, das keine Waren bezahlt, ist kein Bestandteil der Geldmenge, nach der im Geldumlaufgesetz gefragt wird. Es ist immer so viel Geld im Umlauf, wie zur Bezahlung der Preise benötigt wird. Geld zirkuliert, heißt nur, dass es Waren bezahlt. Das setzt voraus, dass die Waren Preise haben. Der Preis geht logisch dem Geld voraus.

Was passiert, wenn die Geschäftsbanken ihre Kreditzinsen erhöhen, weil sie selbst für Zentralbankgeld mehr zahlen müssen? Wird der Häuslebauer dann verzichten zu bauen? Und wenn, senkten dann die Baufirmen die Baupreise, um die Nachfrage aufrechtzuerhalten und trotzdem bauen zu können? Und was passiert, wenn Baufirmen für die Kredite, die sie aufnehmen, um Baustoffe und Baumaschinen zu bezahlen, höhere Zinsen zahlen müssen? Werden sie auf die Aufnahme des Kredits verzichten und so ihre Existenz aufs Spiel setzen? Auszuschließen ist das nicht. Es kann zu Auftragsstornierungen und im Ausnahmefall zu Insolvenzen von Baufirmen kommen. Aber wird ein Leitzins von 3 Prozent und eine Erhöhung der Bankkreditzinsen auf 4 Prozent die Kreditvergabe der Banken einschränken? Die meisten Unternehmen werden ihre Kreditnachfrage nicht senken. Sie werden mit hoher Wahrscheinlichkeit den Banken die höheren Zinsen zahlen und wie die höheren Materialpreise ihren Auftraggebern berechnen. Höhere Zinsen erhöhen den Preis. Besonders auf Märkten, wo Monopole und Oligopole dank ihrer Marktmacht den Preiswettbewerb ad absurdum geführt haben, ist dies üblich, und zwar umso leichter, je abhängiger die Kunden von ihrem Angebot sind. Preise und Preissteigerungen fallen mittel- und langfristig umso höher aus, je höher die Zinsen sind. Hohe Zinsen bedeuten hohe Preise und hohe Preise erfordern einen Anstieg der Geldmenge. Allerdings kommt es kurzfristig tatsächlich vor, besonders bei stark und rasch steigenden Preisen und Zinsen, dass Verträge storniert werden, weil die vereinbarten Konditionen nicht eingehalten werden und steigende Belastungen nicht einfach weitergegeben werden können.

Empirische Untersuchungen belegen schon seit Thomas Tooke (1774-1858), dem englischen Ökonomen, dass die langfristigen Kapitalmarktzinsen und das Preisniveau positiv miteinander verbunden sind. Der englische Nationalökonom A.H. Gibson hatte dies für England in der Zeit von 1820 bis 1920 nachgewiesen, der Radcliffe-Report kommt für die Jahre danach zum gleichen Ergebnis[119] und der Ökonom Wolfgang Filc bestätigt später den Zusammenhang für die Bundesrepublik Deutschland.[120] John M. Keynes (1883-1946), der britische Ökonom, der einer ganzen Denkrichtung innerhalb der Volkswirtschaftslehre den Namen gab, hielt die Gleichläufigkeit von Zins und Preisniveau dagegen für paradox aus der Sicht der neoklassischen Heilslehre. Er nannte sie das »Gibson-Paradox«.[121] Dabei exis-

---

119 Radcliffe-Report, Committee on the Working of the Monetary System, Report, London 1959.

120 Wolfgang Filc, Theorie und Empirie des Kapitalmarktzinses, Stuttgart 1992.

121 John M. Keynes, Vom Gelde, 1930, S. 198-210.

tieren vernünftige Gründe, die zeigen, dass der Zusammenhang keineswegs paradox ist. So, wie erwähnt, die Tatsache, dass Zinsen Kosten und Preisbestandteil sind. Außerdem kann man beobachten, dass die Zahlungs- und Tilgungstermine umso kürzer werden, je stärker die Zinsen steigen, von denen man erhofft, dass sie die Geldmenge reduzieren und so die Inflation dämpfen. Man vereinbart kürzere Zahlungs- und Tilgungstermine, um später zu höheren Zinsen auszuleihen. Das bedeutet, dass die Umlaufgeschwindigkeit des Geldes steigt. Und das heißt: Selbst für höhere Preise wird weniger Geld benötigt. Selbst wenn durch die Zinspolitik eine Verringerung der Geldmenge erreicht werden könnte, ist zu befürchten, dass der immerhin denkbare preisberuhigende Effekt nicht eintritt, weil die Umlaufgeschwindigkeit des Geldes zunimmt. Und wenn die Notenbanken weitere Zinserhöhungen ankündigen – Erwartungen der Survey of Monetary Analysts für den EZB-Leitzins aus dem Jahr 2022 bezifferten für 2023 und die folgenden Jahre zwischen 2,5 und 3 Prozent[122] – kann es passieren, dass die aktuelle Kredit- und Geldnachfrage anzieht, um den voraussichtlich höheren Zinsen zuvorzukommen.

Die Zins-Preis-Kausalität ist ergänzungsbedürftig auch aus einem anderen Grund. Der Zins beeinflusst nicht nur die Nachfrage nach Geld oder nach Krediten, er reagiert auch auf Änderungen dieser Nachfrage. Im Aufschwung wird die steigende Nachfrage auf den Gütermärkten dazu führen, dass die Preise erhöht werden, wenn das Angebot nicht mithalten kann. Der Bedarf an Geld und Fremdkapital erhöht sich. Ein Zinsanstieg folgt. In rezessiven, depressiven Wirtschaftsphasen ist es umgekehrt: Die zurückgehende Nachfrage auf den Gütermärkten bewirkt bei gegebenem Angebot, dass Preise fallen (eher selten) oder die Preissteigerungen abnehmen. Der Fremd-

122 Prognose des EZB Leitzins für 2023, 2024, 2025, 2026 bis 2030, in Q4 2023 bei 3,0 %?, mehrwertsteuerrechner.de, abgerufen am 3.12.2022.

kapitalbedarf und mit ihm die Zinsen sinken. Auch umgekehrt (Preis = Ursache, Zins = Wirkung) ist der Preis-Zins-Zusammenhang positiv. Die Marktzinsen bewegen sich weitgehend unabhängig vom Agieren der Zentralbanken. Sie variieren in Abhängigkeit von Angebot und Nachfrage auf den Finanzmärkten. Diese werden bei aller relativen Selbstständigkeit bestimmt durch Änderungen auf den Gütermärkten. Die Nachfrage steigt im Aufschwung auf allen Märkten, mit ihr die Preise und Zinsen. In der Krise sinken Nachfrage, Preise und Zinsen. Die Zentralbanken stehen also am Ende einer Wirkungskette, passen sich dem Druck der Märkte an. Die Zinskorrekturen vollziehen sich vorher auf den Märkten von allein und gehen den Zinsentscheidungen der Zentralbanken voraus. Die zyklisch bedingten Zinsschwankungen als das gewollte Produkt bewusster Entscheidungen der Zentralbank zu deuten und als Anlass zu sehen, die Weisheit ihrer Direktoren zu rühmen, ist daher erheiternd, weiß man, dass sich ohne Zutun der Zentralbank vollzieht, was als deren Erfolg gepriesen wird. Auch den ab Mitte 2022 erfolgenden Zinserhöhungen der Zentralbanken war ein kräftiger Anstieg der Zinsen der Zinsen auf dem Geldmarkt, so für den Euribor,[123] und für Konsumentenkredite, Hypothekarkredite, für Investitionskredite der Unternehmen und staatlichen Stellen vorausgegangen. Vor allem – das ist entscheidend – bestimmen weniger die Zinshöhe, sondern der sich im güterwirtschaftlichen Sektor der Volkswirtschaft bildende Kreditbedarf und die Kreditwürdigkeit der Bankkunden die Höhe der Kreditvergabe. Kreditbedarf und Kreditwürdigkeit steigen, wenn die Nachfrage nach Gütern zunimmt und profitabel bedient werden kann. Dann überspringt die Wirtschaft hohe Zinshürden mühelos. Und wenn spekulationsbedingte Preisschübe bei Rohstoffen die Produktions- und Lieferketten

123 Der Euribor ist der Zinssatz, zu dem sich europäische Banken Kredite mit einer Laufzeit von drei, sechs und zwölf Monaten in Euro gewähren.

hochgereicht werden und das Preisniveau erhöhen, ist es aussichtslos, mit Zinssteigerungen den Inflationstrend brechen zu wollen. Denn niedrige Zinsen sind nicht die Ursache der Inflation. Deshalb können höhere sie auch nicht beenden. Die offenkundige Hilfslosigkeit der Geldpolitik steht im Widerspruch zu dem Ehrfurcht gebietenden Ruf der obersten Währungshüter und ihrem Selbstbewusstsein. Die Zentralbanken treiben die Wirtschaft nicht, sie sind Getriebene. Sie geben dem von den Finanzmärkten kommenden Druck nach, auch wenn, das soll nicht bestritten werden, ihre Ankündigungen Bewegungen der Marktzinsen auslösen können. Der Versuch aber, gegen die Kräfte des Marktes zu steuern, ist chancenlos.

»Regulierung« der Geldmenge?

Die scheinbare Logik: Weniger Geld im Umlauf und die Preise könnten nicht mehr steigen. Die Zentralbank emittiert weniger Geld, mache eine restriktive Geldpolitik, wie es heißt, und schon wäre es aus mit der Inflation. Alles so einfach? Die Notenbanken versorgen die Wirtschaft mit Zentralbankgeld und bestimmen dessen Menge. Die erste Aussage ist richtig, die zweite naheliegend – und falsch. In Wirtschaftskommentaren wird versucht, den Eindruck zu erwecken, als hinge die Geldpolitik der Zentralbanken davon ab, was deren Präsidenten wollen. Doch der Einfluss der mächtigen Geldpolitiker auf die zirkulierende Geldmenge und das Zinsniveau einer Volkswirtschaft ist überschaubar. Egal, ob sie Bernanke, Yellen oder Powell, Duisenberg, Trichet, Draghi oder Lagarde heißen, ob sie Harvard, Yale oder eine x-beliebige Schule besucht haben, ob sie Ökonomen, Juristen oder Lehrer sind. Sie legen zwar die Leitzinsen fest, kaufen und verkaufen Wertpapiere, aber ihre Spielräume sind eng und die Wirkungsmöglichkeiten begrenzt. Die Vorstellung ist falsch, sie zögen die Wirtschaft wie am Gängelband hinter sich her. Die Manager in den Notenbanken beeinflussen mit ihren Entscheidungen die Märkte, aber sie können sie nicht dirigieren. Sie und die von ihnen gelenkten Institutionen sind Teil einer Realität, auf deren Änderungen sie reagieren. Sie können dabei falsch liegen. Ihnen aber die Schuld zu geben für die großen ökonomischen Krisen und Depressionen überbewertet ihren Einfluss gewaltig. Der amerikanische Wirtschaftswissenschaftler John K. Galbraith wusste, dass die Zentralbanken den Zins und die Geldmenge nicht steuern. Das Gegenteil zu behaupten, sei frommes Wunschdenken. Er hielt die Vorstellung für aberwitzig, die Zentralbankräte müssten nur an den Stellschrauben Geldmenge und Zins drehen, um die Wirtschaft auf Wachstum, Wohlstand, Stabilität und sozialen Ausgleich zu justieren. Und drehten sie in die falsche Richtung, wären Wirtschafts- und Finanzkrisen die Folge. Galbraith sprach den Zentralbanken sowohl im positiven als auch im negativen Sinne die vermeintliche Macht ab.[124]

Warum können die Zentralbanken die Menge des Geldes nicht bestimmen, das sie selbst ausgeben? Nationale Währung gelangt beispielsweise durch den Kauf von Devisen in den Umlauf. Wie viel das ist, hängt von der Stärke des Devisenzustroms und nicht vom Willen der Zentralbank ab. Wie viele Devisen die Zentralbank gegen nationales Geld wechseln muss, ist abhängig von den Güter- und Dienstleistungsexporten und den Kapitalimporten. Dahinter stecken millionenfache private Entscheidungen. Die Ausgabe von Zentralbankgeld durch den Kauf von Wertpapieren gelingt, wenn die Geschäftsbanken und Unternehmen solche Papiere verkaufen wollen. Zentralbanken sind darauf angewiesen, dass die Banken bei ihren geplanten Deals mitwirken. Haben diese keinen zusätzlichen Geldbedarf, weil die Kreditnachfrage der Unternehmen und Haushalte gering ist, scheitert der Versuch der Zentralbank, den Bankensektor mit billigem Geld zu fluten.

---

124 John K. Galbraith, Die Ökonomie des unschuldigen Betrugs. Vom Realitätsverlust der heutigen Wirtschaft, München 2005, S. 84-89.

Die jahrelange Politik des »Quantitative Easing« – die EZB hat seit 2008 gigantische 4,9 Billionen Euro durch Ankauf von Anleihen (Wertpapieren) in das Bankensystem gedrückt –, hatte weder nennenswerte positive Produktions- und Beschäftigungseffekte noch löste sie einen inflationären Preisauftrieb aus. Dazu hätte die Geldschwemme über Kredite und/oder Einkommenserhöhungen im güterwirtschaftlichen Sektor ankommen müssen, was dessen Aufnahmebereitschaft voraussetzt. Die expansive Geldpolitik der EZB bewirkt, dass die Buchgeldbestände bei den Geschäftsbanken wachsen, die Überschussliquidität des Bankensystems steigt und sich das Geschehen auf den Finanzmärkten belebt. Sie kann keine Nachfrage im produzierenden Bereich schaffen. Erst wenn das zusätzliche Geld auf die Konten der Verbraucher fließt, haben diese Zugriff. Billiges Geld kommt bei den produzierenden Unternehmen nicht an, wenn diese nicht bereit sind, es anzunehmen. Solange es nicht zu höheren Krediten und Einkommen führt, bleibt die expansive Geldpolitik der Zentralbanken weitgehend wirkungslos. Manche glauben trotzdem, ihr sei es gelungen, eine Deflation zu verhindern. Die Geldpolitik, der mitunter Heilswirkungen in Bezug auf die Beschäftigungspolitik nachgesagt werden, kann lediglich die Verfügbarkeit des Geldes und die Bedingungen der Inanspruchnahme von Geld beeinflussen. Damit diese Politik güterwirtschaftliche Effekte und Effekte auf den Arbeitsmärkten auslösen kann, müsste Geld in Einkommen und Kredite transformiert werden. Automatisch geschieht das nicht. Dazu müssten die Voraussetzungen erfüllt sein, um Konsum- und Investitionsgüter und dann auch Arbeitskräfte nachzufragen. Darauf haben die Banken keinen, allenfalls einen mittelbaren Einfluss. Das viele Geld, das die Zentralbanken in den Banksektor drücken, kommt folglich in den produktiven Sektoren gar nicht im notwendigen Umfang an. Die Hoffnung trügt also, die Akteure der Wirtschaft würden kaufen und produzieren, versuchten Zentralbanken, die Wirtschaft mit Geld zu fluten.

Umgekehrt wird die sich seit Mitte 2022 vollziehende Abkehr von der lockeren Geldpolitik – EZB und Fed wollen die Anleihekäufe einstellen oder deutlich verringern – den inflationären Preisauftrieb kaum bremsen, weil die Zentralbank nicht an die entscheidenden Gründe und Auslöser der Inflation herankommt. Selbstdarstellungen der Zentralbank, besonders die Ankündigung von Geldmengenzielen, täuschen Machbarkeit vor. Dieses seit Mitte der 1970er Jahre auch in Europa gängige Ritual entlarvt die sogenannte Geldpolitik als reine Scharlatanerie. Die Europäische Zentralbank (EZB) setzt das von der Bundesbank praktizierte Theater leicht verändert fort, tauscht allenfalls die Kulissen im potemkinschen Dorf. Sie tut so, als setze sie sich Geldmengenziele, die sie konsequent anstrebe. Nichts dergleichen passiert. Über die Höhe und Entwicklung der Geldmenge entscheidet keine Zentralbank. Die zirkulierende Geldmenge wird bestimmt durch das Wachstum der Produktion, den Preisanstieg und die Umlaufgeschwindigkeit des Geldes. Darauf hat die Zentralbank keinen direkten Einfluss. Entscheidend ist das Verhalten der Unternehmen und Konsumenten.

Zentralbanken versuchen, die mögliche Veränderung dieser Bestimmungsfaktoren zu schätzen und daraus auf das voraussichtliche Wachstum der Geldmenge zu schließen, meist in Form einer Bandbreite, eines »Zielkorridors« von zwei bis drei Prozent. Die »Vorgabe« der Ziele ist nichts anderes als ein heiteres Ratespiel. So zu tun, als entscheide die Zentralbank innerhalb dieses Procedere über die Höhe der zirkulierenden Geldmenge, ist irreführend. Über sie entscheidet der Bedarf der Wirtschaft. Vordergründiges Ziel der Geldpolitik sei es, die Stabilität der Preise zu sichern und die Konjunktur zu stützen. Zentralbanken rühmen sich ihrer vermeintlichen Erfolge gegen die Inflation. Dabei hat keine von ihnen Geldentwertungen je vereitelt. Wie kann man angesichts anhaltender Preissteigerungen behaupten, die Zentralbanken hätten Kaufkraftverluste verhindert? Die Preise für Strom, Mineralöl, Kraftstoffe, Gas, Lebensmittel und andere Güter steigen seit Jahren, gelegentlich auch besonders stark. Die Kehrseite: Reallöhne sinken. Die Geldpolitik der Zentralbanken hat diese Umverteilung über den Preisanstieg weder abgewendet noch entgegen üblichen Verlautbarungen unterbinden wollen. Die Vorstellung ist abwegig, die Preissprünge auf den Gütermärkten hätten mit den Zins- und Geldmengenentscheidungen der Notenbanker zu tun. Das würde bedeuten, dass die Preise für Benzin, Strom und Lebensmittel bei einer »richtigen« Zins- und Geldmengenpolitik nicht gestiegen wären. Kein vernünftiger Mensch glaubt das. Immer steigen zuerst die Preise und danach wird das dazu benötigte Geld aus dem Bankensystem abgerufen.

Geldpolitische Entscheidungen, gefällt in altehrwürdigen Sitzungssälen der Notenbanken, verpuffen oft. »Seit der Gründung der US-Zentralbank im Jahr 1913 blieben ihre Maßnahmen gegen steigende Teuerungsraten und insbesondere gegen konjunkturelle Abschwünge von nachhaltiger Wirkungslosigkeit«, bilanziert der US-Ökonom John K. Galbraith.[125] Zentralbanken sind keine Institutionen, die mittels Geldpolitik nach ihrem Gusto die Märkte dirigieren. Sie sind ein Element einer komplexen wirtschaftlichen Ganzheit, deren Gesetzen sie sich nicht entziehen können, an die sie sich anpassen und auf deren Zwänge sie reagieren. Sicher nicht wirkungslos. Der türkischen Notenbank zum Beispiel gelang es Ende Januar 2014 den Verfall ihrer Lira vorübergehend zu stoppen, indem sie den Leitzins von 4,5 auf 10 Prozent anhob. Doch prinzipiell sind Zentralbanken unfähig, die ökonomischen Prozesse souverän, zielgerichtet und planvoll zu steuern. »Der Glaube«, schrieb Galbraith, »etwas so Komplexes, Heterogenes und seinem Wesen nach für jeden einzelnen Menschen so Wichtiges wie Geld lasse sich durch gründlich erörterte, aber einfache Entscheidungen

125 ebd., S. 85f.

beeinflussen, die in einem gefälligen und unauffälligen Gebäude der amerikanischen Hauptstadt getroffen werden, entspringt nicht nüchternen Realitätssinn, sondern frommen Wunschdenken. So viel inbrünstige Realitätsverleugnung ist schier unglaublich.«[126] Auch wenn Ludwig Thoma nicht die Notenbanken gemeint haben dürfte, sein Satz passt auf sie: »Man muss die Leute an ihren Einfluss glauben lassen – Hauptsache, dass sie keinen haben.«

Unbegrenzte Geldschöpfung aus dem Nichts?

In nominalistischen Geldtheorien erscheint das Geld als ein Produkt des Staates. Schon die christlichen Philosophen des Mittelalters, die Scholastiker, glaubten, dass das Geld und dessen Wert als »valor impositus« durch Befehl der Staatsgewalt zustande komme. Georg Friedrich Knapp hat diese Gedanken aufgenommen und zugespitzt. Geld verdanke seine Entstehung und Anerkennung einer Übereinkunft der Menschen, einen bestimmten Gegenstand als Zahlungsmittel anzunehmen. Geld wird zu einer juristischen Kategorie und der Staat zu dessen Schöpfer.[127] John M. Keynes schließt sich der Meinung an, dass das Geld ein Geschöpf der Rechtsordnung sei.[128]

In neuerer Zeit wird die Auffassung, dass der Staat das Geld unbegrenzt aus dem Nichts schöpfe, in Form der Modern Monetary Theory (MMT) propagiert. Sie beruht auf dem Irrglauben, der Staat könne, ohne sich zu verschulden, unbegrenzt und beliebige Mengen Geld schaffen und so alle wirtschaftlichen und sozialen Probleme in den Griff bekommen.[129] Georg

126 ebd., S. 89.

127 Georg Friedrich Knapp, Staatliche Theorie des Geldes, 3. Aufl., München/Leipzig 1921.

128 John M. Keynes, Vom Gelde, 3. Aufl., Berlin 1983.

129 Dirk Ehnts, Modern Monetary Theory. Eine Einführung, Wiesbaden 2022; Maurice Höfgen, Mythos Geldknappheit. Modern Monetary Theory oder Warum es am Geld nicht scheitern muss, Stuttgart 2020;

Quaas kritisiert daran die Annahme, dass der Staat Geld aus dem Nichts schaffen könne. Geld entstehe so wenig wie eine Wolke aus dem Nichts, es sei denn, man abstrahiert von allen Voraussetzungen der Entstehung.[130] Stephan Krüger sagt, die MMT überschreite die Grenze zu »Funny Science«, indem sie die Bedingungen der Kapitalverwertung und Kapitalakkumulation ignoriert.[131] Der Staat sei zwar beim Gelddrucken souverän, was er aber damit bewirke, hänge ab von den materiellen Ressourcen und den Bedingungen der Kapitalverwertung. »Er kann Anweisungen ausgeben«, so Ingo Stützle, »aber damit keinen Wert schaffen, keine Verwertung garantieren.«[132] Ob eine Volkswirtschaft arm oder reich ist, hängt nicht davon ab, wie viel Geld sie druckt und besitzt. Natürliche Ressourcen, Arbeitskräfte, Wissen, Konsum- und Investitionsgüter sind entscheidend; keine Notenpresse kann aus Bangladesch ein reiches Land machen.

Vorschlag aus Sachsen: Club-of-Rome-Mitglied Stefan Brunnhuber plädiert für eine »monetäre Inflationsbremse«. Die EZB solle 300 Milliarden Euro zusätzliches Geld drucken und es an die Mitgliedstaaten überweisen. Die Staaten schenken es den größten Energie- bzw. Rohstoffimporteuren, in Deutschland z. B. Uniper. Die energieimportierenden Unternehmen bezahlen damit ihre Rechnungen an die energie- bzw. rohstofferzeugenden Unternehmen in Russland, Saudi-Arabien oder

---

Michael Paetz, Modern Monetary Theory. Rückkehr des gesamtwirtschaftlichen Denkens, in: Geldpolitik, in: Aus Politik und Zeitgeschichte – APuZ 18-19/2022 (Bundeszentrale für politische Bildung), S. 46-50.

130 Georg Quaas, Relationale Geldtheorie. Zur aktuellen Diskussion über das Geld, Marburg 2018, S. 67ff, 87-107, 251.

131 Stephan Krüger / Klaus Müller, Das Geld im 21. Jahrhundert. Die Aktualität der Marxschen Wert- und Geldtheorie, Köln 2020, S. 147ff.

132 Ingo Stützle, Money makes the world go green? Eine Kritik der Modern Monetary Theory als geldtheoretisches Konzept, in: Prokla, Zeitschrift für kritische Sozialwissenschaft, Heft 202/2021, S. 83.

sonst wo. Die Preise »nach innen« könnten so stabil bleiben. Die Inflation werde gebremst, weil die Rohstoffimporteure maximal entlastet würden und sie nicht mehr gezwungen seien, steigende Preise ihren Abnehmern zu berechnen. Gestiegene Rohstoff- und Energiepreise würden nicht mehr die Produktionskette zu den Verbrauchern hochlaufen.[133] Normalerweise heißt es: Viel Geld, viel Inflation. Mit dem neuen Vorschlag verbindet sich die Hoffnung, mit mehr und zusätzlichem Geld verhindern zu können, dass sich die Inflation ausbreitet. Kurios.

133 »Wir sollten Geld für Gas drucken«, Freie Presse, Chemnitz, 26.8.2022, S. 3.

Deflation

Was ist schlimmer: Steigende oder sinkende Preise?

Noch vor wenigen Jahren sprach niemand von einer Inflation. Dafür wurde ihr Gegenteil, eine Deflation, beschworen und die Angst vor ihr geschürt. 0,3 Prozent betrug die Inflationsrate im Krisenjahr 2009. In den Jahren 2014, 2015 und 2020 wurde sie jeweils mit 0,5 Prozent angegeben.[134] Schlimmer als stabile seien sinkende Preise, hieß es. Ein absehbarer Preisverfall, zu dem es natürlich nicht gekommen ist, bedrohe auf breiter Front das Leben der Menschen. Was soll bloß werden, wenn die Preise fallen? Eine negative Abwärtsspirale aus sinkenden Preisen, Kaufzurückhaltung und Investitionsstau würde die Wirtschaft in den Ruin treiben. Ein Schreckensbild, das schlimmer nicht sein könnte: Konsumenten, die in Erwartung sinkender Preise nicht kaufen. Unternehmer, die in Erwartung ausbleibender Käufer nicht produzieren, nicht investieren und Arbeitskräfte entlassen. Deflation mache die Wirtschaft platt – stürze sie in den Abgrund!

Selbst die linksaffinen »Memorandenökonomen« verteidigten die niedrigen Zinsen der Zentralbank und loben deren angeblichen Mut. Mit dem Vorwurf, diese »enteigne die Sparerinnen und Sparer und belaste die private Kapitalvorsorge für das Alter, (werden) die positiven Folgen dieser vorausschauenden Geldpolitik schlichtweg ausgeblendet … Diese Geldpolitik lässt sich mit dem Hinweis auf eine erfolgreiche Verhinderung einer Deflation bis hin zu einer tiefen Wirtschaftskrise rechtferti-

---

134 Inflationsraten in Deutschland, www.finanz-tools.de, abgerufen am 14.10.2022.

gen.«[135] Dass dieses Urteil eine erstaunliche Überschätzung der Geldpolitik enthält, spielt erst in zweiter Hinsicht eine Rolle. Das Lob überbewertet mögliche negative Wirkungen sinkender Preise für die Anbieter und zeigt, wie leicht man in die Falle der herrschenden Lehre tappen kann.

Die aufgebauschte Gefahr erschreckt die Leser der Wirtschaftsmagazine. Konsumeinschränkungen in Erwartung sinkender Preise? Menschen, die nichts essen, nur weil das Brot bald billiger sein könnte? Arbeiter, die nicht zur Arbeit fahren, weil der Benzinpreis bis zum Wochenende um zwei Cent fallen soll? Das defekte Dach, durch das Regenwasser in den Frühstückskaffee tropft, bleibt durchlässig, weil die Schindelpreise nächsten Monat sinken werden? Die Öfen werden im Januar nicht mehr geheizt, weil die Brennstoffe im März voraussichtlich zu niedrigeren Preise gekauft werden können? Ökonomieprofessoren tun so, als ängstigten sie sich, dass die Menschen Konsum und Investition einstellen könnten, beseelt von der Hoffnung, künftig gratis zu erhalten, worauf sie heute verzichten. Sie darben und entsagen im Glauben, dafür einst beschenkt zu werden. Man redet den Leuten ein, dieses Verhalten führe zur Deflation, und die sei furchtbar. Die Verwirrung ist gewollt: Die Leute sollen Angst bekommen vor Preissenkungen. Sie sollen sich lieber eine deftige Inflation wünschen – von der seit jeher die reichen Schuldner und Sachvermögensbesitzer auf Kosten der einfachen Bürger profitieren –, in Dreiteufelsnamen aber keine Preissenkung! Das wäre die Katastrophe.

Falsche Kausalitäten und die Übertreibung eines Körnchens Wahrheit

Das Argument von den angeblichen Gefahren einer Deflation ist schwach, wie auch der Versuch, es mit der Weltwirtschafts-

135 Arbeitsgruppe Alternative Wirtschaftspolitik, Memorandum 2014, Kein Aufbruch – Wirtschaftspolitik auf alten Pfaden, Köln 2014, S. 101, 107.

krise empirisch zu »beweisen«. In Überproduktionskrisen sinken Preise und Löhne, die Arbeitslosigkeit steigt. Betriebe machen massenweise Bankrott, die Produktion bricht ein. Wer dies sieht, muss es noch nicht verstanden haben. Auf die Kausalität kommt es an: Der Preisrückgang in der Krise war stets die *Wirkung* der Überproduktion und des Überangebots, nie deren Ursache. Friedrich Engels: »In der ganzen Tat, seit 1825, wo die erste allgemeine Krisis ausbrach, geht die ganze industrielle und kommerzielle Welt, die Produktion und der Austausch sämtlicher zivilisierter Völker … so ziemlich alle zehn Jahre einmal aus den Fugen. Der Verkehr stockt, die Märkte sind überfüllt, die Produkte liegen da, ebenso massenhaft wie unabsetzbar, das bare Geld wird unsichtbar, der Kredit verschwindet, die Fabriken stehen still, die arbeitenden Massen ermangeln der Lebensmittel, weil sie zuviel Lebensmittel produziert haben, Bankrott folgt auf Bankrott, Zwangsverkauf auf Zwangsverkauf. Jahrelang dauert die Stockung, Produktivkräfte wie Produkte werden massenhaft vergeudet und zerstört, bis die aufgehäuften Warenmassen unter größrer und geringrer Entwertung (also sinkenden Preisen, K. M.) endlich abfließen, bis Produktion und Austausch allmählich wieder in Gang kommen. Nach und nach beschleunigt sich die Gangart, fällt in Trab, der industrielle Trab geht über in Galopp, und dieser steigert sich wieder bis zur zügellosen Karriere einer vollständigen industriellen, kommerziellen, kreditlichen und spekulativen Steeple-chase (Hindernisrennen, K. M.), um endlich nach den halsbrechendsten Sprüngen wieder anzulangen – im Graben des Krachs.«[136]

Bürgerliche Ökonomen weigern sich, komplex zu denken. Die Deflationsdebatte erweckt den Verdacht, als würden Ursache und Wirkung verwechselt. Ist manchmal auch kompliziert. Ambrose Bierce (1842-1914) scharfsinnig über Kausalitäten:

---

136 Friedrich Engels, Die Entwicklung des Sozialismus von der Utopie zur Wissenschaft, MEW 19, S. 219.

»Wirkung ist die zweite von zwei Erscheinungen, die immer in derselben Aufeinanderfolge vorkommen. Von der ersten, Ursache genannt, sagt man, sie bringt die zweite hervor – was nicht vernünftiger ist, als würde jemand ein Kaninchen für die Ursache eines Hundes halten, nur weil er noch nie einen Hund anders als bei der Verfolgung eines Kaninchens gesehen hatte.«[137]

Könnte es nicht vielmehr so sein, um auf die Deflation zurückzukommen, dass niedrige Preise armen Leuten ermöglichen, sich satt zu essen und ein Auto zu kaufen? Können sich die Leute jetzt nicht das leisten, worauf sie wegen der zu hohen Preise bisher verzichten mussten? Niedrige Preise erlauben es, wieder ab und zu ins Kino oder Theater zu gehen, eine Urlaubsreise zu machen und das Wohnhaus instand setzen zu lassen. Niedrige Preise, wie sie sich gegen Ende einer Krise einstellen, könnten, wenn die Bedingungen dazu insgesamt reif sind, helfen, die Wirtschaft wieder zu beleben, und Investitionen auslösen, die aus der Krise herausführen.[138]

Die geschürte Deflationsangst beruht auf einem rationalen Element: PKW-Fahrer, die glauben oder wissen, dass am Mittwochabend der Liter Super 1,79 Euro kostet, werden nicht zwei Tage zuvor für 2,09 tanken. Es sei denn, der Tank ist am Montag leer und sie müssen am Dienstag fahren. Der Fehler der Deflationsangsttheorie beruht darauf, dass das spekulative Element, das unseren Kaufentscheidungen innewohnt, verabsolutiert wird. Erstens können Menschen nicht aufhören zu konsumieren und ihren Konsum bis zum Sankt-Nimmerleinstag aufschieben. Und zweitens kaufen sie eher im gesicherten Wissen, dass die Ware heute billiger ist als sie gestern war. Die bereits eingetretene Preissenkung ist ein Anreiz, zu kaufen. Die unsichere Ahnung dagegen, dass der Preis in einiger Zeit noch niedriger sein könnte, wird den Kauf notwendiger Güter kaum

137 bk-luebeck.eu, abgerufen am 20.8.2022.

138 Vgl. Hans Mottek, Die Krisen, a. a. O., S. 90ff.

aufhalten. Ökonomen begründen ihre Ängste vor Preissenkungen damit, dass dadurch die Gewinne der Unternehmen sinken würden und dies zu niedrigeren Löhnen und mehr Arbeitslosigkeit führen würde. Sie vertreten offenbar die Auffassung, dass der Profit Gradmesser für Richtiges und Falsches in der Gesellschaft sein müsse, blenden aber selbst dabei andere denkbare Abläufe aus – wie steigende Gewinne bei sinkenden Stückgewinnen durch Mehrabsatz – und ignorieren die enormen Gewinnspannen vieler Produkte. Alles soll möglich sein, nur keine Korrektur der Verteilung des Nationaleinkommens zugunsten der Benachteiligten!

Begrifflich-Theoretisches

Inhalt und Merkmale von Inflation

Kann der Leser, der in den vorangegangenen Kapiteln viel über die Inflation gelesen hat, sagen, worin ihr Wesen besteht? Was ist Inflation? Wie zeigt sie sich? Auf Anhieb verbinden die meisten den inflationären Zustand mit steigenden Preisen und mit wachsenden Geldmengen. Tatsächlich kommt der Begriff Inflation aus dem Lateinischen, »inflare« bzw. »inflatio« und bedeutet so viel wie sich aufblähen. Die Geldmenge schwillt an und die Güterpreise steigen. Die Probleme beginnen mit dem Versuch, das Phänomen zu definieren: Welche Geldmenge ist gemeint, wenn von anschwellen die Rede ist, welche Güterpreise, alle oder ausgewählte? Und ist jeder Preisanstieg Inflation? Wie ist der Zusammenhang zwischen Geldmengen und Preisen, d. h. was ist originär, was abgeleitet? Weitgehend akzeptiert ist die Auffassung, dass die Inflation vor allem Papiergeldwährungen betrifft und bedeutet, dass sich das Papierzettelpreis*niveau*, also der Preisdurchschnitt aller Waren, einer Volkswirtschaft über einen längeren Zeitraum hinweg erhöht und die Kaufkraft des Geldes sinkt. Viele Autoren sprechen jedoch auch im Zusammenhang mit den im Gefolge von Münzverschlechterungen einhergehenden Preissteigerungen von Inflation. Danach habe es Inflationen seit dem Altertum gegeben, z. B. im 3. Jahrhundert u. Z., als das römische Münzwesen zusammenbrach. Es folgten weitere, meist in Kriegszeiten, beispielsweise die Vellon-Inflation in Kastilien (1599-1660), die Preissteigerungen während der Zeit der Kipper und Wipper (1618-1623).

Auch Friedrich der Große finanzierte den Siebenjährigen Krieg (1756-1763) durch Münzbetrug und Münzfälschungen, wie viele Fürsten vor ihm ihre Kriege. Über Jahrhunderte hinweg offenbar ein bewährtes Mittel der Bereicherung und der Finanzierung von Kriegen: vollwertige Münzen einziehen, Edelmetall ausschmelzen und geringhaltige Münzen zum gleichen Nominalwert in den Umlauf zurückgeben.[139] Preissteigerungen waren unausweichlich. Weitgehend akzeptierte Merkmale des Inflationsbegriffs sind:

- Inflation ist ein gesamtwirtschaftliches Phänomen. Sie äußert sich im Anstieg des Preis*niveaus*, der durch die Erhöhung einzelner Preise zustande kommt, ist aber selbst nicht identisch mit der Steigerung einzelner Preise. Preisniveauanstieg heißt, dass der Durchschnitt der Preise steigt.
- Inflationen sind keine einmaligen Steigerungen des Preisniveaus, sondern länger anhaltende, sich über mehrere Jahre hinweg vollziehende, ständige Preisniveausteigerungen. Kurzfristige, durch Angebots- und Nachfrageänderungen ausgelöste Preiserhöhungen werden nicht vom Inflationsbegriff erfasst.
- Verhältnismäßig geringe Preisniveausteigerungen werden nicht als Inflation bezeichnet. So ist nach Auffassung der Zentralbanken ein Anstieg von bis zu 2 Prozent vereinbar mit Preisniveaustabilität. Eine eigenartige, sehr willkürliche Interpretation!

Bürgerliche Ökonomen lehnen die Arbeitswerttheorie ab, mit der Marxisten das Wesen des Preises erklären. Für sie ist daher die Inflation ein rein monetäres Phänomen. Sie unterscheiden zwischen einer Nachfrage*sog*inflation und einer Angebots*druck*inflation. Entweder zögen nachfragewirksame Geldmengenüberschüsse steigende Preise nach sich, oder die Preise würden

139 Richard Gaettens, Inflationen, a.a.O.; Michael North, Kleine Geschichte des Geldes, a.a.O., S. 91ff.

durch die Kosten hochgetrieben. Nach der Stärke oder dem Tempo der Preissteigerung differenzieren sie willkürlich und theoretisch irrelevant zwischen einer schleichenden (bis 3 Prozent), trabenden (bis 8 Prozent), galoppierenden (über 8 Prozent) und einer Hyperinflation (ab einer monatlichen Rate von 50 Prozent), nach ihrer Dauer zwischen temporärer und permanenter, nach geographischer Herkunft zwischen importierter und hausgemachter oder heimischer und Weltinflation, nach ordnungspolitischen Aspekten zwischen offener und zurückgestauter oder gestoppter Inflation. Eine offene Inflation liege vor, wenn Geldmenge *und* Preise stiegen, bei der zurückgestauten stiegen die Geldmengen bei konstanten Preisen. Man spricht im letzten Fall auch von einer Kassenhaltungsinflation.[140] Zu viel Geld wird in Kassen und auf Konten zurückgehalten, so dass die Preise nicht steigen könnten. Wählt man die Art der Änderung der Inflationsraten als Kriterium, unterscheidet man zwischen akzelerierter, stabilisierter und dezelerierter Inflation. Die Phase der akzelerierten Inflation ist durch einen Anstieg, die der dezelerierten Inflation (Desinflation, nicht zu verwechseln mit Deflation) durch einen Rückgang der Inflationsraten gekennzeichnet. Bei stabilisierter Inflation bleiben die Inflationsraten konstant, das Preisniveau steigt exponentiell.[141]

Geldmengen und Preise

Eine zentrale Rolle für das Inflationsverständnis spielt der Zusammenhang zwischen den Geldmengen und den Preisen. Die Inflation erkennt man daran, dass die zirkulierende Geldmenge und das Preisniveau steigen. Wie ist die Kausalität zwischen beiden Größen? Und wie könnte eine Inflationstheorie lauten, die sich an der Marxschen Politischen Ökonomie orientiert und daher den Zusammenhang zwischen der Geldmenge und

140 Dieter Cassel, Inflation, a. a. O., S. 266.

141 ebd.

den Preisen mit den Warenwerten in Verbindung bringt? Als Arbeitshypothese soll gelten: Eine wertbasierte marxistische Erklärung könnte darin bestehen, unter einer Inflation langanhaltende Abweichungen der Preise von den Warenwerten zu verstehen. Genauer: Die Werte der Waren werden in steigenden nominalen Geldbeträgen, einem wachsenden Preisniveau ausgedrückt. Das bedeutet nicht nur, dass die Preise bei Inflation ständig steigen, sie können konstant bleiben, wenn durch Produktivitätssteigerungen die Werte sinken (verdeckte Inflation).

Marx selbst hat keine Inflationstheorie ausgearbeitet, erwähnt den Begriff der Inflation nur an einer Stelle.[142] Bedeutsam ist jedoch seine Bewertung der Banking-Currency-Kontroverse, bei der es u. a. um die Frage ging, ob die Geldmenge die Preise oder umgekehrt die Preise die Geldmenge bestimmten. Das Geld als Zirkulationsmittel »haust beständig in der Zirkulationssphäre und treibt sich beständig in ihr um. Es entsteht also die Frage, wieviel Geld diese Sphäre beständig absorbiert.«[143] Eine einfache Überlegung führt uns zu der Erkenntnis, dass die Geldmenge, die für die Güterzirkulation benötigt wird, so groß wie die Preissumme des Gütervolumens sein muss, wenn jede gleichnamige Geldeinheit (z. B. ein Euro, eine 10-Dollar-Münze usw.) jeweils nur einmal zu Zahlungen genutzt wird. Geschieht das jedoch häufiger, verringert sich die notwendige Geldmenge. Die Anzahl oder Häufigkeit, mit der eine Geldeinheit durchschnittlich zu Zahlungszwecken verwendet wird, nennt man Geldumlaufgeschwindigkeit. Es gilt: Geschwindigkeit ersetzt Menge. Die Beziehungen werden in folgender Gleichung ausgedrückt: Geldmenge M = Preissumme des Güterangebots QP dividiert durch Geldumlaufgeschwindigkeit V, wobei P = Preisdurchschnitt oder Preisniveau und Q = Gütermenge oder Handelsvolumen.

142 MEW 26.2, S. 506.

143 MEW 23, S. 131.

Das Marxsche Geldumlaufgesetz, »daß die Quantität der Zirkulationsmittel bestimmt ist durch die Preissumme der zirkulierenden Waren und der Durchschnittsgeschwindigkeit des Geldumlaufs, kann auch so ausgedrückt werden, daß bei gegebner Wertsumme der Waren und gegebner Durchschnittsgeschwindigkeit ihrer Metamorphosen, die Quantität des umlaufenden Geldes oder des Geldmaterials von seinem eignen Wert abhängt. Die Illusion, daß umgekehrt die Warenpreise durch die Masse der Zirkulationsmittel und letztre ihrerseits durch die Masse des in einem Lande befindlichen Geldmaterials bestimmt werden, wurzelt … in der abgeschmackten Hypothese, daß Waren ohne Preis und Geld ohne Wert in den Zirkulationsprozeß eingehn, wo sich dann ein aliquoter Teil des Warenbreis mit einem aliquoten Teil des Metallbergs austausche.«[144] Die Frage, ob die Geldmenge die Preise oder umgekehrt die Preise die Geldmenge bestimmen, hat Marx damit für sich klar beantwortet. Die Vertreter der »Currency-Theorie« John Ramsay McCulloch (1789-1864), Samuel J. L. Overstone (1796-1883), David Ricardo (1772-1823), Robert Torrens (1780-1864) glaubten dagegen, dass die angebotene Geldmenge exogen bestimmt ist. Die Politik der Notenbank entscheide über ihre Höhe. Das Preisniveau und damit auch der Geldwert sind davon abgeleitete Größen. Sie hingen ab von der Höhe der Geldmenge. Eine verstärkte Ausgabe von Banknoten erhöhe die Preise und senke dadurch den Geldwert. Die Vertreter der »Banking-Theorie« Thomas Tooke (1774-1858) und John Fullarton (um 1780-1849) sahen den Zusammenhang umgekehrt. Sie sagten, der Preis sei ursprünglich. Die Geldmenge passe sich an die Preise und damit an den schwankenden Bedarf der Wirtschaft an. Sie sei eine endogene, eine abgeleitete Größe. Auf dem »Geldmarkt« begegneten sich kein unabhängiges Geldangebot und eine Geldnachfrage, vielmehr bilde sich im

144 ebd., S. 136-138.

güterwirtschaftlichen Bereich eine Nachfrage nach Geld, die stets die benötigte Geldmenge in die Zirkulation fließen lasse. Tooke und Fullarton, denen Marx zustimmte, begründeten ihre Ansicht damit, dass die Banken Geld ausgeben, indem sie Warenwechsel diskontieren, d. h. Warenwechsel zum Diskontsatz kaufen. Die Erhöhung der Preise und Geschäftsumsätze geht der Erhöhung des Notenumlaufes voraus. Die Wirtschaft könne gar nicht mit Geld überversorgt sein. In den Auffassungen zwischen Keynesianern (Fiskalisten) und Monetaristen wiederholt sich heute, wenn auch im Detail modifiziert und durch neue Argumente angereichert, grundsätzlich der alte Streit. Die »Currency«-Position wird heute von den Monetaristen vertreten. Die Geldmenge sei die bestimmende, Preisniveau und Geldwert die davon abgeleiteten Größen. Keynesianer halten die »Banking«-Theorie für richtig: Wirtschaftsakteure entscheiden durch ihr Verhalten über das Preisniveau und das Preisniveau bestimmt die Geldmenge. Sie passe sich den Preisen an. Der Gegensatz der Auffassungen kann mit der bürgerlichen Quantitätsgleichung des Geldes verdeutlicht werden (auch Fishersche[145] Verkehrsgleichung genannt), die nur eine andere Darstellungsform des Marxschen Geldumlaufgesetzes ist:

$M \cdot V = Q \cdot P$; wobei M = Geldmenge, V = Umlaufgeschwindigkeit des Geldes, Q = Handelsvolumen, P = Preisniveau.

Currency-Interpretation:
Ursache = $M \cdot V$ (die zahlungswirksame Geldmenge);
Wirkung = $Q \cdot P$ (Preissumme des Güterangebots)

Banking-Interpretation:
Ursache = $Q \cdot P$; Wirkung = $M \cdot V$

145 Benannt nach Irving Fisher (1867-1947), Irving Fisher, The purchasing power of money, London 1911.

Marxistische Ökonomen scheinen den bürgerlichen Inflationsbegriff zu teilen. So wird die Inflation im Ökonomischen Lexikon der DDR als eine »Überfüllung der Zirkulationskanäle mit überschüssigen Geldzeichen (Papiergeld, nicht einlösbare Banknoten) sowie durch eine über die Bedürfnisse des Warenumlaufs und des Zahlungsverkehrs hinausgehende Bildung von Buchgeld (Bankguthaben)« bezeichnet, »die zu einer Geldentwertung führt.«[146] Besteht darin das Wesen der Inflation? Wie müsste die Inflation werttheoretisch begründet werden? In der Marxschen Theorie ist der Preis der Geldausdruck des Wertes. Die logische Struktur der Begriffe ist damit klar: Der Wert ist das Ursprüngliche, der Preis und das Geld (die Geldmenge) von ihm abgeleitet. Die Inflation muss daher vom Wert aus gesehen werden. Im Widerspruch dazu besagt die von Monetaristen und Neoklassikern vertretene »Currency«-Interpretation der Quantitätstheorie des Geldes, dass die Geldmenge das Preisniveau und den Geldwert bestimme.[147] Keynesianer halten die »Banking«-Theorie für richtig, ohne die logische Struktur zwischen den Warenwerten und dem Geld anzuerkennen. Über die heute auch von keynesianischen Ökonomen vertretene Auffassung geht die marxistische hinaus, indem sie gedanklich die Verbindung herstellt zwischen der Geldmenge und den Preisen auf der einen und dem Wert der Waren auf der anderen Seite. Eine Minderung des Werts der Metallmünzen tritt ein durch Produktionssteigerungen bei der Gewinnung des Geldmetalls, durch die Reduzierung des Metallgehalts der Münzen oder/und

146 Ökonomisches Lexikon, A-K, 2. Aufl., Berlin 1970, S. 955.

147 Vor dem Engländer David Hume (1711-1776) sagt man, habe der französische Jurist Jean Bodin (1529 oder 1530-1596) als erster die Quantitätstheorie des Geldes vertreten. Er habe die Teuerung im Europa des 16. Jahrhunderts erklärt mit dem mächtigen Zufluss der Edelmetalle aus Übersee. Dagegen hatte John Law richtig gesagt, dass die Preise gestiegen sind, weil das Silber in den 200 Jahren von 1500 bis 1700 auf ein Zwanzigstel seines Wertes gefallen war. (Richard Gaettens, a. a. O., S. 105.)

dadurch, dass hochwertige durch minderwertige Metalle ersetzt werden. Die im Resultat von Münzverschlechterungen auftretenden Preissteigerungen können als Vorläufer oder als eine spezifische Art inflationärer Erscheinungen betrachtet werden. Die minderwertigen »Inflationsmünzen« wurden im Unterschied zum Gold und Silber für die Schatzbildung unbrauchbar. Sie verblieben, wie es das Greshamsche Gesetz[148] besagt, im Umlauf und führten zu Preissteigerungen. Die Nominalwerte der Münzen drücken nicht mehr die Menge Metallware aus, die in ihnen enthalten ist. Geldentwertung ist für die Münzgeldinflation ein zutreffender Begriff. Nikolaus Kopernikus (1473-1543), Mitbegründer des heliozentrischen Weltbilds, gelangte in seinem ökonomischen Werk weit über das antike und feudale ökonomische Denken hinaus. Als Erster und für mehrere Jahrhunderte einziger deutscher Geldtheoretiker von Rang begründete er den Geldwert korrekt und widerspruchsfrei. In seiner Denkschrift zur Theorie des Geldwerts aus dem Jahr 1517 heißt es: »Der größte und unerträglichste Irrtum ist es aber, wenn der Landesherr oder der Inhaber der Staatsgewalt aus der Münzprägung einen Gewinn zu ziehen sucht, indem er nämlich der bisherigen Münze eine neue zur Seite stellt, die im Korn und Schrot[149] mangelhaft ist, aber angeblich die gleiche Bewertung wie die alte hat … Es gibt zwar unzählige Plagen, von denen Königreiche, Fürstentümer und Gemeinwesen immer wieder heimgesucht werden. Doch die schlimmsten sind meiner Meinung nach vier: Krieg, Pest, Hungersnot und Münzentwertung. Bei den ersten drei ist das offensichtlich, dass niemand daran zweifelt. Aber die vierte, welche die Münze be-

148 Schlechtes Geld vertreibt gutes (aus der Zirkulation in den Schatz), gutes kann schlechtes nicht vertreiben, so Thomas Gresham (1519-1579), Finanzagent der englischen Regierung und königlicher Berater.

149 Der Begriff Schrot steht für das Gesamtgewicht einer edelmetallhaltigen Münze. Korn bezeichnet den Edelmetallgehalt, auch Feingehalt, der Münze.

trifft, wird nur von wenigen, sehr verständigen Leuten erkannt, weil sie das Gemeinwesen … nach und nach und gleichsam unmerklich zugrunde richtet … Goldschmiede und Metallfachleute … klauben nämlich aus dem vermischten Geld die alten Stücke, schmelzen das Silber aus und verkaufen es dann und erhalten auf diese Weise stets neues Silber mit der vermischten Münze … Wenn dann die alten Schillinge endlich ganz verschwunden sind, werden die nächstbesten Stücke ausgelesen, und es bleibt eine immer schlechter werdende Geldmasse zurück. Daher jene verbreitete, ständig wiederholte Klage, Gold, Silber, die Lebenshaltungskosten, der Lohn der Dienerschaft, die handwerklichen Leistungen und was sonst noch der Bedürfnisbefriedigung dient, übersteige den hergebrachten Preis. Da wir aber denkfaul sind, kommen wir nicht dahinter, dass sich die Verteuerung aller Güter aus der Unterwichtigkeit der Münze herleitet.«[150] Die Münzgeldinflation ist darauf zurückzuführen, dass der Wert der Münzgeldeinheit aus verschiedensten Gründen – Abnutzung durch Gebrauch, künstliche Verringerung des Metallgehalts, Aufwandssenkungen bei der Metallgewinnung – dauerhaft sinkt und daher die Warenwerte durch steigende Preise ausgedrückt werden. Die Kriterien einer Inflation – anhaltende Preissteigerungen, Erhöhung der umlaufenden Geldmenge und Geldentwertung – sind bei einer Münzgeldinflation erfüllt.

Papiergeldinflation

Ist die Geldentwertung auch für die Papiergeldinflation ein zutreffender Begriff? Papiergeld ist wertlos. Wie kann etwas Wert verlieren, was keinen Wert besitzt? Marx argumentiert bezüglich des Papiergeldumlaufs widersprüchlich. Einerseits sagt er zwar: »Während Gold zirkuliert, weil es Wert hat, hat das

150 Erich Sommerfeld (Hg.), Die Geldlehre des Nicolaus Copernicus, Berlin 1978, S. 27, 49, 55.

Papier Wert, weil es zirkuliert.« Der Wert des Papiers hänge ab »von seiner zirkulierenden Quantität. Daher »*scheinen* (Hervorhebung K. M.) die Warenpreise zu steigen oder zu fallen mit dem Wechsel in der Quantität des zirkulierenden Papiers.«[151] Dass es so scheint, heißt nicht, dass es so ist. Denn anderseits hält er an seiner Interpretation des Preis-Geld-Zusammenhangs fest: »Das Steigen oder Fallen der Warenpreise mit dem Steigen oder Fallen der Papierzettelmasse … ist also nur durch den Zirkulationsprozess gewaltsam bewirkte Geltendmachung des von außen mechanisch verletzten Gesetzes, dass die Quantität des zirkulierenden Goldes durch die Preise der Waren und die Quantität der zirkulierenden Wertzeichen durch die Quantität der Goldmünze bestimmt ist, die sie in der Zirkulation vertreten.«[152] Daher ist es richtig, dass die Quantität des zirkulierenden Papiers wechselt mit dem Auf und Ab der Warenpreise.[153] Diese Gedanken sind der Ausgangspunkt für ein marxistisches Verständnis der Inflation. Es ist schwer zu begründen, weshalb und wie die umlaufende Geldmenge, die sich an die Preissumme der zirkulierenden Waren anpasst, umgekehrt die Preissumme bestimmen soll.[154] Es wäre daher zu untersuchen, ob der Begriff »Geldentwertung« bedeutet, dass sich die Repräsentation von Wert durch wertlose Geldzeichen verringert – eine naheliegende Definition der Papiergeldinflation – und ob ein solches Verständnis dem inflationären Zustand gerecht wird. Ein marxistisches Modell der Inflation[155] hat zunächst nur theoretischen Wert: es knüpft an Marx' Verständnis des Papierzettelumlaufs an und soll helfen, das gängige Inflationsverständnis zu präzisie-

151 MEW 13, S. 100.

152 ebd.

153 MEW 23, S. 132.

154 Ingo Schmidt, Inflation, a. a. O., Sp. 1019.

155 Klaus Müller, Ein marxistisches Inflationsmodell, in: Marxistische Blätter, Heft 6/2022, S. 68-77.

ren. Unterstellt wird, dass Papiergeld Repräsentativgeld ist. Es repräsentiert, unabhängig davon, ob ein juristisch fixiertes und garantiertes Umtauschverhältnis besteht, die Geldware Gold. Papiergeld vertritt die Geldware Gold in der Zirkulation.[156] Mit dem in den Tresoren der Zentralbanken als Währungsreserve deponierten Gold hat diese Vertretung nichts zu tun. Das Papier vertritt *die* Goldmenge, die entsprechend den im Umlauf befindlichen Warenwerten zirkulieren müsste, wenn von der Umlaufgeschwindigkeit abgesehen wird, ließe sie sich nicht durch Geldzeichen repräsentieren. Die Überlegungen zeigen, dass die Goldwerte keinen Einfluss auf die Preise haben können, wenn die Preise in Papierwährungen ausgedrückt werden. Das ist empirisch belegt.[157] Was sich ändert, ist das Verhältnis, in dem die Geldvertreter zur gedachten Geldware stehen. Diese Überlegungen führen zu folgenden Ergebnissen:

- Kommt es zu einer preisbedingten Aufblähung der Papierzettelmenge, die nicht auf eine wertbedingte Erhöhung der Geldwarenmenge oder des Wertes der gewöhnlichen Waren zurückgeführt werden kann, also zur »Überfüllung der Zirkulationskanäle mit Geldzeichen«, verändert sich die Mengenrepräsentation (Preismaßstab, Goldgehalt). Eine Zentralbankgeldeinheit repräsentiert eine verringerte Geldwarenmenge. Die Papiergeldinflation ist eine Verringerung der Mengenrepräsentation und äußert sich in einem Anstieg des Preisniveaus. Es wird klar, worauf sich die »Überfüllung

156 Viele Ökonomen sind der Meinung, dass sich das Papiergeld vom Gold abgekoppelt habe, dass Gold demonetisiert worden sei. Messtheoretisch bedarf es einer werthaltigen Ware, um Werte andere Waren auszudrücken. Im Modell lässt sich die Geldware Gold durch eine beliebig andere Geldware bzw. einen Geldwarenkorb ersetzen, wenn begründet nachgewiesen werden kann, dass sie das Gold aus seiner exponierten Geldrolle verdrängt haben.

157 Stephan Krüger, Politische Ökonomie des Geldes. Gold, Währung, Zentralbankpolitik und Preise. Kritik der Politischen Ökonomie und Kapitalanalyse, Band 2, Hamburg 2012, S. 367ff.

der Zirkulationskanäle mit Geldzeichen« bezieht, zumal der Begriff »Überfüllung« verwundert, da die Zirkulationskanäle theoretisch ein unbegrenztes Volumen wertloser Geldzeichen aufnehmen können. Wenn auch aus vielen Gründen nicht erwünscht, ist das bei fehlender Konvertibilität möglich, weil die die Menge Geldware repräsentierenden Geldsymbole nicht durch Eigenwert bestimmt sind. »Überfüllung« kann sich nicht auf die Beziehung der Geldzeichen zum Wertvolumen beziehen. Wie groß auch die Geldzeichenmenge sein mag, sie symbolisiert stets das gegebene bzw. erforderliche Wertquantum. In Bezug auf das Wertquantum kann es kein Zuviel und kein Zuwenig an Geldzeichen geben.[158] Geldzeichenüberschuss kann es auch nicht in Bezug auf die Preise geben. Preise sind Geldausdruck der Werte, damit sind sie das Ergebnis der Anwendung von Geldzeichen oder besser Geldnamen, die für die Bildung der Geldausdrücke benötigt werden. Eine Ausdehnung der *zirkulierenden* Geldmenge über die benötigte Geldmenge hinaus ist unmöglich. Die Inflation kann keine Verletzung des Geldumlaufgesetzes sein.[159] »Überfüllung« der Zirkulationskanäle mit Geld kann sich nur auf den bisherigen Preismaßstab – die Mengenrepräsentation – beziehen. In Bezug auf ihn existiert ein temporärer Geldüberhang. Er ist die Vorstufe der Inflation, nicht deren Ursache. Zur Inflation kommt es, wenn der Geldüberhang abgebaut wird, indem der Preismaßstab oder, was dasselbe ist, die Mengenrepräsentation verkleinert wird.

- Es zeigt sich, dass die Inflation im technischen Sinn als eine Verringerung des Preismaßstabes verstanden werden kann, d.h. als die Verkleinerung der Menge an Geldware, die durch eine Papiergeldeinheit repräsentiert wird. Je

158 MEW 23, S. 142.

159 Vgl. Klaus Müller, Das Geld, Köln 2022, S. 110-113.

größer die Menge der Geldzeichen, umso kleiner der Wert der Geldware, den eine Papiergeldeinheit repräsentiert, desto kleiner auch die Kraft dieser Geldeinheit, Waren zu kaufen, und umgekehrt. Inflation ist die Verkleinerung des Preismaßstabs, herbeigeführt durch das preisbedingte Wachstum der zirkulierenden Papiergeldmenge. Ein Beispiel: Kostete ein Auto 1970 angenommen 6000 Dollar, so wäre beim damaligen Goldpreis von 100 $ je Feinunze Gold der Preis des Autos etwa 1,8 kg Gold gewesen. Der Goldpreis eines Autos, das im Jahre 2022 40000 $ kostet, wäre etwa 0,68 kg Gold gewesen (eine Feinunze Gold wurde im Juli 2022 über 1800 US-$ notiert). Während sich der Preis des PKW in Dollar verfünffacht hat, ist er, in Gold ausgedrückt, auf etwa ein Drittel gesunken. Der Goldgehalt eines zirkulierenden Dollar ist von 0,31 g im Jahre 1970 auf 0,017 g im Jahre 2022 gesunken. Die Mengenrepräsentation hat sich um 94,5 Prozent verringert. Das entspricht in etwa dem offiziell ausgewiesenen Kaufkraftverlust der US-Währung. Der Dollar des Jahres 1970 ist heute nur noch 12 Cent wert, hat im Laufe von 52 Jahren 90 Prozent seiner Kaufkraft eingebüßt.[160] Ähnlich der Euro: Seit seiner Einführung als allgemeines Zahlungsmittel im Jahre 2002 hat er ein Viertel an Kaufkraft verloren.[161] Das Beispiel ist nicht geeignet, die theoretische Argumentation zu bestätigen oder zu widerlegen. Dazu müssten weitere Untersuchungen der komplexen Realität erfolgen (u. a. Produktivitäts- und Wertentwicklungen, der Einfluss der Spekulation auf die Preise, Angebot-Nachfrage-Verhältnisse). Die Verringerung der Mengenrepräsentation oder des Preismaßstabs ist vereinbar mit einer Konstanz und mit einem Rückgang der Preise.

---

160 Berechnet auf dem Webportal in2013dollars.com.

161 Der Euro verliert ein Viertel seiner Kaufkraft, 20.5.2021, experten.de, abgerufen am 12.8.2022.

Logisch lässt sich nicht erklären, weshalb Preissteigerungen bei Wertkonstanz Inflation sein sollen, Wertsenkungen bei Preiskonstanz aber nicht. Das neue Inflationsverständnis hat Konsequenzen für die Messung des Zustands: Inflation am Preisniveauanstieg zu messen, ist unzureichend. Die exakte Inflationsrate muss auch den Produktivitätsanstieg berücksichtigen.[162]

Sekundäre Ausbeutung

Inflation ist im geldtechnischen Sinne eine Verringerung des Preismaßstabes. Ihr Wesensinhalt geht tiefer. Er muss sozialökonomisch ausgeleuchtet werden. Schon während des Münzgeldumlaufs, aber auch später, war die Inflation das Mittel der Könige, Fürsten und Landesherren, sich zu bereichern und die Kosten ihrer verschwenderischen Staatsführung, vor allem die Lasten der Kriegsfinanzierung und der Kriegsfolgen dem Volk aufzubürden. Heute ist die Inflation die monopolkapitalistisch über Preissteigerungen organisierte, vom Staat tolerierte, Umverteilung von Einkommen der Arbeiter, Angestellten und Rentner zugunsten der die Märkte beherrschenden Monopolunternehmen. Mit der inflationären Aneignung von Einkommen versuchen (Groß-)Konzerne dem Fall der Profitrate entgegenzuwirken, der sich aus dem Zwang zur Kapitalakkumulation ergibt. Monopole, Oligopole, die großen Schuldner und der Staat profitieren von inflationären Umverteilungen. Sie wälzen mittels Inflation die Last der aufgeblähten Staatsausgaben, der Kriegs- und Rüstungsfinanzierung und der Wirtschaftskrisen auf die Arbeiter und Arbeiterinnen ab. Inflation ist sekundäre Ausbeutung – Reallohnsenkung und Mehrwerterhöhung. Entscheidend für das Ausmaß der Verteilungswirkungen sind die Macht und der Zeitvorsprung, den Monopolunterneh-

162 Vgl. dazu Klaus Müller, Geld. Von den Anfängen bis heute, Freiburg 2015, S. 411f.

men bei ihrer Preisfindung gegenüber nichtmonopolistischen Produzenten und Einkommensbeziehern besitzen. Um eine inflationäre Einkommensumverteilung handelt es sich auch, wenn Erhöhungen der Produktivität und Aufwandssenkungen nicht zu sinkenden Preisen führen. Es ist kennzeichnend, dass Monopole ihre Preise nicht senken, obwohl sie das infolge von Aufwandssenkungen tun könnten, die Preise also konstant bleiben. Dann kommt es selbst bei unveränderten Preisen zu einer inflationären Umverteilung. Es lässt sich nicht begründen, weshalb Wertsenkungen bei Preiskonstanz anders beurteilt werden müssten als Preiserhöhungen bei Wertkonstanz.

Bitte beachten Sie auch die folgenden Seiten.